Nordic Architecture Guide

500 architecture and urban space

Takashi Koizumi + Kyushu Sangyo University Takashi Koizumi Laboratory

北欧建築ガイド
500の建築・都市空間

小泉 隆 ＋ 九州産業大学 小泉隆研究室

JN101704

学芸出版社

CONTENTS

004 はじめに

014 デンマーク│DENMARK
018 コペンハーゲン│Copenhagen
039 カストラップ│Kastrup
040 ドラエア│Dragør
　　イスホイ│Ishøj
041 ロドオウア│Rødovre
043 アルベアツルン│Albertslund
　　バウスヴェア│Bagsværd
044 デュッセゴー│Dyssegård
　　ヘレルプ│Hellerup
045 チャロッテンルン│Charlottenlund
046 コンエンス・リュンビュー│Kongens Lyngby
　　クランペンボー│Klampenborg
048 スコスホーヴェス│Skovshoved
　　ホルテ│Holte
　　コッケダール│Kokkedal
049 フムレベック│Humlebæk
　　フレゼンスボー│Fredensborg
050 ヘルシンゲル│Helsingør
051 ドロニングメッレ│Dronningmølle
　　ロスキレ│Roskilde
052 フレデリクソン│Frederikssund
053 ボーレ│Borre
　　グルボースン│Guldborgsund
054 スラーエルセ│Slagelse
　　オーデンセ│Odense
055 ファーボー│Faaborg
056 ミゼルファート│Middelfart
　　コリン│Kolding
057 ヘンネ│Henne
058 オーフス│Aarhus
064 ヴィビュ│Viby
065 ホイビャア│Højbjerg
　　エーブルトフト│Ebeltoft
066 シルケボー│Silkeborg
067 ヘアニン│Herning
069 ホルステブロ│Holstebro
　　ラナース│Randers
070 オールボー│Aalborg
072 ネアスンビュ│Nørresundby
　　テナー│Tønder
073 ボーンホルム島│Bornholm

074 スウェーデン│SWEDEN
078 ストックホルム│Stockholm

095 ドロトニンホルム│Drottningholm
　　グスタフスベリ│Gustavsberg
096 アーランダ│Arlanda
　　ウプサラ│Uppsala
097 ファルン│Falun
098 スンドボーン│Sundborn
　　スンツヴァル│Sundsvall
099 イェヴレ│Gävle
　　ヴェーデルスタッド│Väderstad
100 ボダフォールス│Bodafors
　　ハパランダ│Haparanda
　　ルーレオ│Luleå
　　ヴェーナムー│Värnamo
101 コスタ│Kosta
102 ヴェクショー│Växjö
103 カルマル│Kalmar
　　セルヴェスボリ│Sölvesborg
　　マルメ│Malmö
107 リムハム│Limhamn
108 ルンド│Lund
110 ヘルシンボリ│Helsingborg
　　クリッパン│Klippan
111 ハルムスタッド│Halmstad
112 イェーテボリ│Göteborg
115 シェアルハム│Skärhamn
　　ヴィスビュー│Visby

116 フィンランド│FINLAND
120 ヘルシンキ│Helsinki
142 ヴァンター│Vantaa
144 エスポー│Espoo
149 キルッコヌンミ│Kirkkonummi
　　フィスカルス│Fiskars
150 ポルヴォー│Porvoo
　　ラハティ│Lahti
151 ミッケリ│Mikkeli
152 ヤルヴェンパー│Järvenpää
153 クラウッカラ│Klaukkala
　　フヴィンカー│Hyvinkää
154 リーヒマキ│Riihimäki
　　ハメーンリンナ│Hämeenlinna
　　イッタラ│Iittala
155 ハットゥラ│Hattula
　　フォルッサ│Forssa
156 タンペレ│Tampere
157 ピルッカラ│Pirkkala
158 マンタ - ヴィルッブラ│Mänttä-Vilppula

158 カンガサラ｜Kangasala
159 サスタマラ｜Sastamala
　　ユロヤルヴィ｜Ylöjärvi
160 ユヴァスキュラ｜Jyväskylä
165 ムーラメ｜Muurame
　　ペタヤヴェシ｜Petäjävesi
166 トゥルク｜Turku
170 パイミオ｜Paimio
　　ラウマ｜Rauma
　　ピュハマー｜Pyhämaa
171 ナッキラ｜Nakkila
　　ノールマルック｜Noormarkku
172 セイナヨキ｜Seinäjoki
175 アラヤルヴィ｜Alajärvi
177 ヴァーサ｜Vaasa
　　イマトラ｜Imatra
178 ヴィボルグ（ヴィープリ）｜Vyborg（Viipuri）
　　レミ｜Lemi
179 プンカハルユ｜Punkaharju
　　ケリマキ｜Kerimäki
180 クオピオ｜Kuopio
　　カルサマキ｜Kärsämäki
181 パルタニエミ｜Paltaniemi
　　オウル｜Oulu
　　ケミ｜Kemi
182 ロヴァニエミ｜Rovaniemi
183 イナリ｜Inari

184 **ノルウェー｜NORWAY**
188 オスロ｜Oslo
195 ガルデルモーエン｜Gardermoen
196 リレストロム｜Lillestrøm
　　ブルムンダール｜Brumunddal
197 ハーマル｜Hamar
198 リレハンメル｜Lillehammer
　　アルヴダール｜Alvdal
199 フョエルランド｜Fjærland
　　ボーグンド｜Borgund
　　オルネス｜Ornes
200 ヴィク・イ・ソウン｜Vik i Sogn
　　ロム｜Lom
　　ドヴェレ｜Dovre
201 ネスブル｜Nesbru
　　アスケー｜Asker
202 ホーテン｜Horten
　　トンスベルグ｜Tønsberg
203 サンネフヨル｜Sandefjord

203 ポルスグルン｜Porsgrunn
204 セルヨール｜Seljord
　　ヴェネスラ｜Vennesla
205 リンデスネス｜Lindesnes
　　サンネス｜Sandnes
206 ナルボ｜Nærbø
　　ベルゲン｜Bergen
207 イスダルスト｜Isdalstø
　　ホヴェデビュグダ｜Hovdebygda
208 オーレスン｜Ålesund
　　フロスタ｜Frosta
209 ハーマレイ｜Hamarøy
　　トロムソ｜Tromsø
210 ハンメルフェスト｜Hammerfest
211 ヴァルデ｜Vardø
　　スネフィヨルド｜Snefjord
　　センジャ｜Senja
212 スカランド｜Skaland
　　アンドイ｜Andøy
　　グラヴダール｜Gravdal
　　エグム｜Eggum
213 ラウマ｜Rauma
　　ガイランゲル｜Geiranger
214 ノーレダール｜Norddal
　　ソリア｜Sollia
　　ボーヴェルダーレン｜Bøverdalen
　　バレストランド｜Balestrand
215 アウルランド｜Aurland
　　サン｜Sand
　　セウダ｜Sauda

216 **アイスランド｜ICELAND**
220 レイキャヴィク｜Reykjavík
224 グリンダヴィク｜Grindavík
225 アクラネス｜Akranes
226 セルフォス｜Selfoss
　　ヴォルヴォルル｜Hvolsvöllur
　　ブロンドゥオス｜Blönduós
227 ヴァルマーリッド｜Varmahlíð
　　ビャーナネス｜Bjarnanes
228 ホフソス｜Hofsós
　　エギルスダディル｜Egilsstaðir
229 ウリザヴァトン｜Urriðavatn

230 索引
237 おわりに

はじめに

1. 本書について

　本書は、デンマーク、スウェーデン、フィンランド、ノルウェー、アイスランドの北欧5カ国に現存する建築および都市空間の中から、ぜひ体験してほしい500の事例を厳選し、紹介するガイドブックである。

　北欧諸国の建築や都市空間には、各国の特色が見られる一方で、人間が中心に据えられ、歴史や気候風土・自然環境との関わりを大切にしながら形づくられてきたという共通点がある。また、現地での体験を通して強く感じるのは、「建築やデザインは生活を豊かにする大切なもの」という考え方が建築家やデザイナーのみならず市民にも浸透していることだ。斬新な造形やアイデアに目を奪われがちな現代建築であっても、実際に訪れてみるとそうした姿勢が垣間見え、連綿と受け継がれてきた北欧建築の伝統とそこに底流する確かな思想が感じられる。

　日本を含め、世界各地で歴史や気候風土と断絶した近代化が進められてきたが、こうした北欧の建築やデザインのあり方は、現代社会が追求すべき1つの理想を教えてくれる。北欧の建築は、高緯度の特異な環境に立地し、形式よりも実質を重んじる側面があり、実際に体感しなければ本質に迫れないところも多い。本書をきっかけに現地に足を運び、その空間をぜひ実感していただければと思う。

　事例の選出では、実体験できることを前提とし、見学しにくい事例は省いた。また、歴史的な建造物よりも近代・現代建築を中心に取り上げている。さらには、豊かな空間体験ができる作品を優先的に掲載した。なお、各事例には英語もしくは現地語による基本情報を付しているので活用いただきたい[注]。

　北欧5カ国の伝統的な事例から最新の事例までを網羅した本書が、旅の道標となり、建築文化の理解を深める扉を開く一冊となれば本望である。

2. 北欧の気候と光環境

　高緯度に位置する北欧諸国において、気候と光環境は建築を特徴づける重要な要素である。ここでは北欧全体を俯瞰し、その概要を見ておこう。

　北欧5カ国は、北極線66度33分以北の北極圏を含む、緯度にしておよそ北緯50度から70度の範囲に広がる。暖流である北大西洋海流の影響下にあることから、気候は高緯度の割には比較的温暖ではあるものの、冬場には氷点下20℃を下回る地域も多い。

　また、高緯度に位置するがゆえに独特の光環境を有しており、季節による差異も大きい。長期にわたる冬は、太陽が地上に出ている時間の長さ（可照時間）が短く、太陽が昇っても高度は低く、すぐに沈む。例えば、北緯60度に位置するオスロやヘルシンキでは、冬至の可照時間は6時間程度で、太陽高度は7度未満、北緯65度のレイキャヴィクに至っては、可照時間は約4時間、太陽高度は3度

に届かない。しかも、大半の地域で天候は悪く、暗く憂鬱な日々が続く。

　一方、夏は、太陽がなかなか沈まず、過ごしやすい時期が続く。夏至の可照時間は、オスロやヘルシンキでは朝4時頃から夜23時頃までの約19時間、レイキャヴィクで約21時間、コペンハーゲンでも約17時間半に及ぶ。太陽高度は、東京が78度に対して、ヘルシンキやレイキャヴィクでは50度前後である。そして、この時期は、太陽が沈んでも薄明の状態が続き、完全な闇夜は訪れない。

　このように北欧では、短い春と秋を挟みながら、夏と冬で光環境が極端に異なる。こうした可照時間のサイクルと低い太陽高度が、光に対する鋭敏な感覚や光を美しく扱う技法を育み、北欧独特の美しい景観や建築を生み出してきた。

　一方、このような北欧特有の気候は、旅のスケジュールにも影響を及ぼす。日の長い夏場は遠方への日帰りもしやすいが、日が極端に短くなる冬場は見学時間帯に注意したい。冬期には閉館する施設も多く、訪問前に確認が必要だ。

　以下、各国別に本書で取り上げる建築・都市空間の特徴や見所を紹介していく。

3. デンマークの特徴

　デンマークは、ヨーロッパ大陸と陸続きのユトランド半島およびその周辺の大小約500の島々からなる。面積は日本の1割強で、九州より少し大きい。森林は少なく（森林率11.8％）、国土はおおむね平坦で（最高高さ173m）、都市部を離れると小麦を中心とする畑や牧草地が緩やかに連なる牧歌的な風景が広がる。5カ国の中で最も緯度が低いため、気候は温暖で、降水量は少なく、他の4カ国と異なり雪が降り積もることも少ない。首都はシェラン島東端に位置するコペンハーゲンで、オーフス、オーデンセが第2、第3と続く。

近代以前の建築

　デザイナーとして著名な巨匠アルネ・ヤコブセンは、本国で建築作品を数多く手がけており、どれも見応えがある。初期の代表作であるオーフス市庁舎（102 →事例番号、以下同じ）をはじめとして、各地の市庁舎建築（063、080）や学校建築（065、069）、ホテル（002）に加え、コペンハーゲン北郊のベルビュー地区でも初期の作品をまとめて見ることができる（074-079）。彼の作品では、建築とトータルにデザインされた家具や照明も見逃せない。また、ヴィルヘルム・ラウリッツェン設計のラジオハウス（034）は、同国で名建築の1つに数えられている。一方、デザイナーとして名高いコーア・クリントの父である建築家P・V・イェンセン・クリントが設計したグルントヴィ教会（045）も名作の1つで、そこでは地元産の白煉瓦が用いられ、周囲には教会と一体的に設計された関連施設もある。森林資源に乏しい同国では、石や煉瓦を主要な建築材料としてきた伝統があるが、近代的な教会にもそれらを用いた良質な作品が多い（066、067など）。

他方、シドニー・オペラハウスの設計者として知られるヨーン・ウッツォンによる光の美しいバウスヴェア教会（068）、土着的な表現の集合住宅（083、087）は、この時期の同国の建築において際立つ作品に位置づけられる。

現代建築

　デンマークの現代建築には、斬新でありながらも地域に溶け込んだ建物が多い。世界的な活躍を見せるビャルケ・インゲルス・グループ（BIG）の作品は、集合住宅（052-054）、海洋博物館（086）をはじめとしていずれもユニークで、スーパーキーレン（043）や発電所（057）はパブリックスペースとしても興味深い。

　その他、JDS建築事務所、トランスフォーム、コーベなど多くの地元建築事務所が精力的に良質な作品を創出し、都市空間を活気づけている（018、019、027、044、116など）。こうした事務所でも、建築のみならず、広場や街路といったパブリックスペースの設計も行っているところが多い。さらには、大規模なシュミット・ハマー・ラッセン建築事務所、ヘニング・ラーセン建築事務所なども、公共建築を中心に質の高い作品を生み出している（022、030、107、114、120など）。

　また、コペンハーゲンの内港沿いでは新たな開発も進んでおり、水辺を巡りながら良質な建築を楽しむことができる（022、023、025、027、030など）。さらに、大規模な開発が進むオーアスタッド地区（048-056）では、建築制限のルールが緩和されていることもあり、斬新な作品が多数見られる。

伝統的な建築・街並み

　コペンハーゲン南郊の港町ドラエア（061）には、ヒューマンスケールの古い家屋が建ち並ぶ。コペンハーゲン市内では、自治区のクリスチャニア（035）、コロニーガーデン（036）などに街の歴史が垣間見える。さらには、伝統的な建物と当時の暮らしぶりを見ることができる大規模な野外博物館（073）もある。

美術館

　「世界一美しい美術館」と言われるルイジアナ近代美術館（082）を擁するデンマークには、展示物を鑑賞するだけでなく、ゆったりとした時間と空間を味わえる上質な美術館が多い。特に地方の小規模な美術館には心地よい時間を過ごせるものが多く、そうした美術館のあり方にデンマークらしさが感じられる（091、093、122など）。また、人工照明のない時代に建てられたトーヴァルセン彫刻美術館（012）では、自然光を効果的に採り入れる工夫にも注目してもらいたい。

パブリックスペース

　「人間中心の街」と評されるコペンハーゲンでは、ストロイエに代表される街路（007、015）、運河沿いのニューハウン（028）、桟橋（018）や海水プール

（019）が設置された水辺、広場（038）など、多彩で魅力的なパブリックスペースが多い。美しい自転車専用道（020）も自転車利用推進都市ならではである。

デザイン関連施設

　同国の名作デザインを数多く所蔵・展示するコペンハーゲンのデザインミュージアム・デンマーク（032）をはじめとして、デザイナーズチェアの国内最大のコレクションを誇るトラファルト美術館（100）、ハンス・J・ウェグナーの故郷に建つテナー博物館（137）など、デザインミュージアムも充実している。さらには、美術館敷地内で公開され、数多くの家具・調度品が当初のままに残るフィン・ユールの自邸（072）、名作椅子ファーボーチェアに座ることができるファーボー美術館（097）もある。また、「近代照明の父」として知られるポール・ヘニングセンが設計したホテル（101）では、彼がデザインした照明器具に囲まれながらの宿泊体験ができる。

　なお、本書では紹介できなかったが、照明や家具メーカーのショールームや工場を訪れるのも旅のオプションの1つになるだろう。

4. スウェーデンの特徴

　スウェーデンは、日本の約1.2倍、日本全土に北海道をもう1つ足した程度の面積を有する、北欧で最大の国である。スカンディナヴィア半島の東側に位置し、ノルウェーとの国境が走る国土の西側には標高2000m級の山々が連なるスカンディナヴィア山脈が南北に縦貫する（最高高さ2104m）。森林が多く（森林率66.9％）、平野部はそれほど広大ではない。首都はストックホルム、第2の都市はイェーテボリで、第3の都市マルメはコペンハーゲンと連絡橋で結ばれている。

近代以前の建築

　観光地としても名高いラグナール・エストベリのストックホルム市庁舎（146）は、ナショナルロマンティシズム建築の最高傑作とも言われ、圧倒的な内部空間に加え、広場や列柱越しの水辺の空間、そして湖越しに望む姿も素晴らしい。また、岩盤の丘に建つアールヌーボー様式のエンゲルブレクト教会（157）でも、建築内外で迫力ある空間を体験できる。

　北欧近代建築の礎を築いた巨匠エリック・グンナール・アスプルンドの作品は、ストックホルム市内ではストックホルム市立図書館（155）、森の墓地の諸施設（174-177）、それ以外にもイェーテボリの裁判所の増築（234）などが代表作として挙げられる。そのイェーテボリには、近代への移行期に建設された市立美術館（232）や市立劇場（233）もあり、見所が多い。教会や礼拝堂に関しては、シーグルド・レヴェレンツの作品を押さえておきたい。ストックホルム市内および近

郊であれば復活礼拝堂（178）や聖マーク教会（180）、クリッパンまで足をのばせば最高傑作とも言われる聖ペーター教会（227）を訪ねることができる。

　ペーター・セルシングは、日本では馴染みの薄い建築家だが、同国では巨匠の1人に数えられている。ストックホルム市内のカルチャーハウス（152）、スウェーデン中央銀行（153）のほか、各地に設計された小規模な教会建築に優れた作品が多い（159、183、194、198、235）。

　イギリスからスウェーデンに渡り、北欧の独特の気候風土に適した建築設計を実践したラルフ・アースキンの作品も各地に残っているが、特にストックホルム大学（168-173）で彼が手がけた施設をまとめて体験できる。また、北欧最古の大学があるウプサラでは、スウェーデンでは数少ないアルヴァ・アアルトの作品の1つ、ヴェストマンランド・ダラの学生会館（193）を見ることができる。

現代建築

　ペーター・セルシングの息子であるヨハン・セルシングが現代の同国を代表する建築家として、森の墓地の新火葬施設（179）、オースタの教会（182）、ミレスガーデン・ギャラリー（186）といった良質な作品を送り出している。また、ウィンゴース建築事務所やタム＆ヴィーデゴー建築事務所が、現代的な感覚にあふれる作品を多数手がけている（158、160、184、200、210、212、213）。

　また、2000年にエーレスンド橋が開通し、コペンハーゲンと結ばれたマルメやその近郊のルンドでは、水辺のウエスタンハーバー地区（217）をはじめとして数多くの現代建築が見られる。その他、イェヴレの火葬場（199）、イェーテボリのニルス・エリクソン・バスターミナル（231）なども良作として挙げられる。

伝統的な建築・街並み

　ストックホルム最大の観光地でもあるガムラスタンには、宮殿や大聖堂など同国を象徴する建造物が多数存在する（140-145）。中世の面影を感じさせる石畳の路地や坂道、水辺の景観も美しい。

　さらに、世界的にも早い1891年に開園し、他の北欧諸国の野外博物館のモデルにもなったスカンセン（164）では、高台にある広大な敷地に各地から移築した家屋や農園などが展示されている。ストックホルム以外では、小さな赤い木造家屋が建ち並ぶガンメルスタードの教会街（203）、中世の城塞都市が残るゴットランド島の中心都市ヴィスビュー（238）が、ともに世界遺産に登録されている。

デザイン関連施設

　ストックホルム近代美術館・建築博物館（162）内に、国立の建築・デザインセンターがある。また、同国を代表する陶磁器メーカーであるグスタフスベリ社の博物館（188）では、1825年創業当時の建物が活用されており、その歴史の重

みが感じられる。さらに足をのばすと、南部のスモーランド州の街コスタに、ガラスメーカーであるコスタボダの工場やアートギャラリー（207）、アートホテル（206）に加え、デザイナーのブルーノ・マットソンが設計した職人用の住宅（208）も残されており、まとめて楽しむことができる。また、マットソンの故郷ヴェーナムーには、彼の作品を多数展示するマットソン・センター（204）もある。

5. フィンランドの特徴

　フィンランドは、北側をノルウェー、西側をスウェーデン、東から南東にかけてはロシアと国境を接する。西はボスニア湾、南西はバルト海、南はフィンランド湾に面し、面積は日本の約9割、国土の大半は平坦で、北部および北東部に一部高地がある（最高高さ1324m）。森と湖は北欧5カ国の中で最も多く（森林率73.9％、水面積率9.4％）、「森と湖の国」とも呼ばれる。気候に関しては、北大西洋海流の影響下にあるノルウェーやアイスランドに比べて冬の寒さは厳しく、北部では平均気温が氷点下10℃を下回り、港や湖が凍る地域も多い。

　首都は南部のヘルシンキで、エスポー、タンペレが第2、第3の都市として続く。なお、同国は1917年に独立したまだ若い国であり、それまでスウェーデンとロシアに統治されていた歴史を有するが、1323年から1809年にかけてのスウェーデン統治時代に首都だったトゥルクも重要な都市に挙げられる。

近代以前の建築

　同国の建築を語るには、近代建築の世界的巨匠であるアルヴァ・アアルトの存在は外せない。国内に200余りの実作を残しているが、その主要作品を巡る旅では、ヘルシンキ（250など）、エスポー（302-306）、トゥルク（360-361）に加えて、セイナヨキ（379-383、385）、ユヴァスキュラ（343-352、356-358）、ロヴァニエミ（405-407）、時間があれば彼の造形力が存分に発揮されたイマトラのヴォクセンニスカ教会（395）も加えたい。その他、パイミオのサナトリウム（373）、マイレア邸（378）、ヴィープリの図書館（396）も名作に数えられる。さらには、幼少期を過ごしたアラヤルヴィ（391-393）も彼のルーツを知る上では重要な街である。

　アアルト以外でフィンランドの近代建築を代表する作品としては、ライリ＆レイマ・ピエティラ夫妻によるディポリ学生センター（308）、カレヴァ教会（335）、タンペレ市立図書館（336）、カイヤ＆ヘイッキ・シレーン設計のオタニエミ礼拝堂（309）、「岩の教会」として親しまれるティモ＆トゥオモ・スオマライネン設計のテンペリアウキオ教会（261）、アアルトのライバルと言われたエリック・ブリュッグマンによる復活礼拝堂（365）を挙げておきたい。

　それ以前に遡ると、首都がトゥルクからヘルシンキに移転する際に都市計画の

責任者として招聘されたドイツ人建築家カール・ルードヴィヒ・エンゲルが手がけたヘルシンキ大聖堂（272）および隣接する国立図書館（273）をはじめとして、新古典主義様式の建築が各都市に点在する（364、390）。また、ナショナルロマンティシズムから近代へと移行する時期に数多くの作品を手がけたエリエル・サーリネンも、ヘルシンキ中央駅（239）、国立博物館（248）、ヴィトレスク（317）といった際立った作品を残している。

現代建築

アアルトの流れを汲む建築家ユハ・レイヴィスカが、優美な教会建築を多数設計している。ヘルシンキ市内および近郊（288、299）のほか、彼が手がけた光の教会を巡る旅も貴重な体験になるだろう（324、400、403）。

さらには、JKMM建築事務所、KS2建築事務所、アヴァント建築事務所、OOPEAAなどが上質な作品を生み出している（241、242、298、315、318など）。加えて、近年、新たに建設されている公共サウナが都市の活性化に大きく寄与しており、同国のサウナ文化を体感する上でもぜひ訪れたい（276-279）。

伝統的な建築・街並み

中世の木造建物群が残る街としては、ポルヴォー（320）、ラウマ（374）の旧市街が挙げられる。大規模な夏至祭で知られるセウラサーリ島の野外博物館（294）では、伝統的な家屋や教会、船小屋などが展示されている。

さらに地方の小都市に足を運ぶと、世界遺産のペタヤヴェシの木造教会（359）をはじめ、フィンランドらしい多様な木造教会（342、375、397、399、402）を巡ることができる。また、地域の環境に根ざした小規模で趣のある石造の教会も多数現存する（333、341）。

先進的な木造建築

木材資源が豊富なフィンランドでは、現代建築においても木材が積極的に使用されており、新たな可能性が引き出された作品も見られる（242、281、323）。

自由な造形による教会建築

アアルトのヴォクセンニスカ教会（395）をはじめとして、各地の教会建築に自由な造形が施された良質な作品が多数存在する（242、289、291、315、316、325、328、329、355、367、401）。

図書館

フィンランドでは、図書館が「第2の居間」と呼ばれるほど生活に根ざしており、優れた建物が多い。2019年に国際図書連盟の公共図書館賞を受賞したヘル

シンキ中央図書館（245）、アピラ図書館（384）といった近年の作品のほか、アアルトが手がけた各地の図書館（304、346、381、406）にも名作が揃う。

雪と氷の構築物

　フィンランドでは、アイスホテル、アイスチャペルなどの雪と氷による構築物をリゾート地をはじめ各地で見ることができる。その１つ、北極圏にほど近い街ケミに設置されるルミ・リンナ（404）は、毎年異なる形にデザインされた構築物が一堂に会するテーマパークで、多彩な雪と氷の姿をまとめて楽しむことができる。

デザイン関連施設

　同国の優れたデザインを数多く所蔵・展示するヘルシンキのデザインミュージアム（282）に加え、老舗メーカーであるアラビア社、イッタラ社などが工場やその跡地にミュージアムやデザインセンターを運営している（283、332）。また、国立のガラスミュージアム（330）のほか、移り住んだアーティストが廃村を復興させたフィスカルス・ヴィレッジ（319）のようなユニークな事例もある。

6. ノルウェーの特徴

　ノルウェーは、スカンディナヴィア半島の西側に位置し、北極海およびノルウェー海に面する。面積は日本の９割弱で、海岸には氷河の浸食作用により形成されたフィヨルドが連なる。陸地の大半をスカンディナヴィア山脈が占め、平地はほとんどない（最高高さ2469m）。気候は、北大西洋海流の分枝流であるノルウェー海流の影響を強く受けるため、山間部を除けばスウェーデンやフィンランドよりも温暖で、冬でも不凍港があるほどである。首都は南部に位置するオスロで、ベルゲン、スタヴァンゲル／サンネスが第２、第３の都市に続く。なお、北緯約70度のトロムソ以北は鉄道が敷設されておらず、移動は車・バスもしくは飛行機になる。

近代以前の建築

　２つの高層オフィス棟が目を引くオスロ市庁舎（411）や新古典主義様式のオスロ図書館本館（415）は、今なお強い存在感を放っている。また、近代建築としては、闇に包まれた神秘的な空間が広がる聖ハルヴェード教会と修道院（417）、ノルウェー海洋博物館（423）が良作として挙げられる。

現代建築

　ノルウェー建築界の巨匠スヴェレ・フェーンの作品を、首都オスロをはじめ各地で見ることができるが（416、435、436、444、455）、ハーマルまで足をのば

せば最高傑作と言われるヘドマルク博物館（431）を体験できる。すぐ近くには、ハーマル大聖堂遺跡のシェルター（432）もある。

　ほかにも、モルテンスルッド教会（427）を筆頭に数多くの作品を生み出しているイェンセン＆スコドヴィン建築事務所、アトリエ・オスロ、ルンド・ハーゲム建築事務所、レイウルフ・ラムスタッド建築事務所などが精力的に良質な作品をつくっている（413、446、451、454、457など）。加えて、世界的に活躍しているスノーヘッタが、オスロのオペラハウス（412）といった大規模なものから、野生トナカイセンター（441）、水中レストラン（450）など小規模なものまで、斬新なアイデアと造形力が光る優れた作品を多数創出している。

　さらに、オスロ市内では、そのオペラハウスを中心にダイクマン・ライブラリー（413）、新ムンク美術館（414）などが建つウォーターフロントから中央駅周辺にかけて開発が進み、現代建築が多数建設されている。イタリア人建築家レンゾ・ピアノによるアウストリップ・ファーンレイ現代美術館（419）も市内にある。

伝統的な建築・街並み

　1894年に開設されたノルウェー民俗博物館（420）の園内には、150を超える伝統的な建造物が展示されており、ノルウェー独自の木造スターヴ教会の１つであるゴル教会（421）が移築されている。スターヴ教会はこれ以外にも国内各地に複数現存しており、世界遺産に登録されているものもある（437-440）。

　また、足を運ぶべき街並みとしては、カラフルな木造倉庫が密集するベルゲンのブリッゲン（453）、アールヌーボー様式の建築群と水辺が織りなす景観が美しい港町オーレスン（456）が挙げられる。

ナショナル・ツーリストルート

　全長1800kmに及ぶ18の観光ルートが国主導で整備されており、自然豊かなルート上には展望台や休憩所等の施設が建設されている。訪問できる時期や移動手段に制約がある施設もあるが、雄大な自然とそこに対峙する建築、そしてノルウェー特有の自然との接し方を体験できる貴重な事例が多い（462-479）。

7. アイスランドの特徴

　アイスランドは北緯63度から66度に位置する島国で、面積は日本の3割弱、北海道よりやや大きい。火山島（最高高さ2110m）であることから、世界最大の露天温泉であるブルーラグーン（490）をはじめとして温泉や間欠泉が多数存在する。地表の約10%が氷河に覆われているが、北大西洋海流の影響により冬の寒さはそれほど厳しくなく、同緯度にあるフィンランドやスウェーデン北部の2月の最低気温の平均が氷点下20℃近くであるのに対し、氷点下3℃ほどである。

島の南西部に位置するレイキャヴィクを首都とし、コーパヴォグル、ハフナルフィヨルズゥルが第2、第3と続く。なお、アイスランドには鉄道が整備されておらず、移動は車・バスもしくは飛行機を利用することになる。

近代以前の建築

　レイキャヴィク市内に建つスカンディナヴィア館（483）は、アルヴァ・アアルトの設計によるもので、上品で質の高い内部空間が広がる。また、丘にそびえ立つハルグリム教会（480）は同市のランドマークで、高さ73mの塔に設けられた展望台からは市内を一望でき、カラフルなトタン住宅の家並み（482）も楽しめる。

現代建築

　ブルーラグーンのホテルとスパ（491）を設計したバソールト建築事務所、アーキス建築事務所などが良質な建築を数多く生み出している（492、494、498、499、500）。
　一方、レイキャヴィク市内の海辺に建つハルパ（489）では、アイスランドとデンマークの国籍を持つデザイナーのオラファー・エリアソンとデンマークのヘニング・ラーセン建築事務所のコラボレーションによりデザインされたガラスの結晶を思わせるユニークなファサードを見ることができる。また、同市内にある国立美術館（484）や市が運営する3つの美術館（485-487）では、それぞれに特徴の異なる空間を味わえる。

伝統的な建築・街並み

　野外博物館のグラウムベアル（496）には伝統的な農家や教会などが展示されている。他の北欧諸国にはない芝生や土で覆われた建物は今なお各所で見られる。

温泉・プール

　先述のブルーラグーンのほか、各地に温浴施設やプールが点在しており、雄大な自然と良質な建築空間を同時に楽しめる（492、498、500）。

教会建築

　大自然と対峙するような独特の力強い造形が施された教会が各地に見られ、旅のコースに加えるのもいいだろう（495、497）。

注
各事例の基本情報として、作品名、設計者および竣工年（歴史的建造物・街並みの一部についてはおおよその創建年もしくは創建時期、野外博物館については開設年）、所在地を掲載している。なお、竣工年に付している「E」は増築を、「R」は改築を表す。

Skagen｜スケーエン

Skagerrak
スカゲラク海峡

Aalborg｜オールボー ▷132-135 ■ ● **Nørresundby｜ネアスンビュ** ▷136

Kattegat
カテガット海峡

Jutland
ユトランド半島

■ **Randers｜ラナース** ▷130-131

■ **Holstebro｜ホルステブロ** ▷129

Ebeltoft｜エーブルトフト ▷121

Silkeborg｜シルケボー ▷122-124 ■

Viby｜ヴィビュ ▷119　■ ● **Aarhus｜オーフス** ▷102-118

Herning｜ヘアニン ▷125-128 ■

Højbjerg｜ホイビャア ▷120

● Henne｜ヘンネ ▷101

Kolding｜コリン ▷099-100 ■　● Middelfart｜ミゼルファート ▷098

Odense｜オーデンセ ▷095-096 ■

Slagelse｜スラーエルセ ▷094 ■

Fyn
フュン島

■ **Faaborg｜ファーボー** ▷097

● Tønder｜テナー ▷137

Lolland
ローラン島

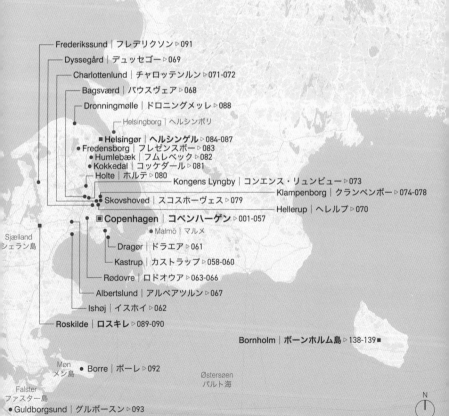

● Göteborg｜イェーテボリ

DENMARK

── Frederikssund｜フレデリクソン ▷091
── Dyssegård｜デュッセゴー ▷069
── Charlottenlund｜チャロッテンルン ▷071-072
── Bagsværd｜バウスヴェア ▷068
── Dronningmølle｜ドロニングメッレ ▷088
　　 Helsingborg｜ヘルシンボリ
　■ Helsingør｜ヘルシンゲル ▷084-087
　● Fredensborg｜フレゼンスボー ▷083
　● Humlebæk｜フムレベック ▷082
　● Kokkedal｜コッケダール ▷081
　● Holte｜ホルテ ▷080
　　　　　── Kongens Lyngby｜コンエンス・リュンビュー ▷073
　　　　　　　Klampenborg｜クランペンボー ▷074-078
● Skovshoved｜スコスホーヴェス ▷079
　　　　　　 Hellerup｜ヘレルプ ▷070
■ Copenhagen｜コペンハーゲン ▷001-057
　　● Malmö｜マルメ
── Dragør｜ドラエア ▷061
── Kastrup｜カストラップ ▷058-060
── Rødovre｜ロドオウア ▷063-066
── Albertslund｜アルベアツルン ▷067
── Ishøj｜イスホイ ▷062
── Roskilde｜ロスキレ ▷089-090

Bornholm｜ボーンホルム島 ▷138-139 ■

● Borre｜ボーレ ▷092

● Guldborgsund｜グルボースン ▷093

Sjælland
シェラン島

Møn
メン島

Falster
ファスター島

Østersøen
バルト海

N

0　　　　　　50km

©Google

● 041 | フォファターフセト幼稚園
● 040 | コペンハーゲン癌・健康センター

031 | デンマーク国立美術館 ●

Rosenborg Have
ローゼンボー公園

Aboulevard

039 | トルヴェハレルネ KBH ●
038 | イスラエル広場 ●   037 | ネアポアト駅
● 034 | ラジオハウス   009 | ハウザー広場
                          008 | ラウンドタワー ●

013 | コペンハーゲン大学図書館 ●

                          007 | ストロイエ ●
010 | ステリング・ビル ●

012 | トーヴァルセン彫刻美術館

015 | ヴェスター・ヴォルドゲード通り
006 | コペンハーゲン市庁舎 ●   Christiansborg Slot
002 | SAS ロイヤルホテル ●   クリスチャンスボー城
011 | 旧デンマーク・デザインセンター ●
001 | コペンハーゲン中央駅   ● 003 | チボリ公園
014 | ヴァレンシア弁護士協会 ●
              004 | 新カールズバーグ美術館
005 | 新カールズバーグ美術館新展示室棟
              023 | デンマーク建築センター

Bernstorffsgade

019 | ハーバーバス ●
018 | カルヴェボッド・ボルイエ ●
021 | デンマーク国立アーカイブ ●

Kalvebod Brygge

● 020 | サイクルスランゲン

Copenhagen

Kastellet
カステレット

Store Kongensgade

Bredgade

● 032 ｜ デザインミュージアム・デンマーク

057 ｜ コペンヒル発電所 ●

030 ｜ デンマーク国立オペラハウス ●

028 ｜ ニューハウン

● 025 ｜ デンマーク王立プレイハウス

● 033 ｜ コンゲンス・ニュートー広場メトロ駅

● 029 ｜ インナーハウン・ブリッジ

● 027 ｜ クロイヤー広場の集合住宅

● 017 ｜ デンマーク国立銀行

● 026 ｜ ガメルドック

016 ｜ 旧証券取引所 "ベアセン"

022 ｜ デンマーク王立図書館   ● 035 ｜ クリスチャニア

● 024 ｜ サイクルブリッジ

036 ｜ ヴェネルストのコロニーガーデン ●

Amager Boul.

● 055 ｜ ティトゲン学生寮

● 051 ｜ IT ユニバーシティ

N

0 ━━━━━━━━ 1km

● 049 ｜ DR コンサートホール

©Google

001 コペンハーゲン中央駅
ハインリッヒ・ヴェンク

チボリ公園前に建つ重厚な赤煉瓦造りの駅舎。地上レベルのホールを覆う集成材のアーチ屋根は竣工当時のままで、その風合いが100年を超える月日の経過を感じさせる。ガラスの天窓からは柔らかな光が降り注ぎ、地階ホームからの訪問者を出迎える。

Copenhagen Central Station/Heinrich Wenck 1911/Bernstorffsgade 16-22, Copenhagen

002 SASロイヤルホテル
アルネ・ヤコブセン

22階建ての客室部とロビー等の低層部からなる国内初の高層建築。ヤコブセンは建物のみならず、カトラリーに至るまですべてのデザインを手がけ、オリジナルのスイートルームも現存する。優美な螺旋階段が目を引くロビーでは、上質な家具や照明を楽しむことができる。

SAS Royal Hotel/Arne Jacobsen 1960/ Hammerichsgade 1, Copenhagen

チボリ公園 003
ゲオ・カールステンセン

世界でも最古級の歴史を誇る遊園地。アトラクション施設、ガラスのホール、インド・中国風の建造物などが建ち並び、植栽、噴水や水盤、野外ステージなどが配されたバラエティ豊かな園内では、北欧の人々の屋外の楽しみ方を垣間見ることができる。

Tivolli/Georg Carstensen 1843/
Vesterbrogade 3, Copenhagen

新カールズバーグ美術館 004
ヴィルヘルム・ダレロップ、ハック・カンプマン

半円形の破風が繰り返される赤煉瓦造りの美術館。その重厚な外観とは対照的に、内部ではガラスの開口部からの自然光で満たされた開放的な空間が広がる。建設時期の異なる複数のガラスドームは、街のランドマークにもなっている。

Ny Carlsberg Glyptotek/Vilhelm Dahlerup
1897, Hack Kampmann 1906E/Dantes
Plads 7, Copenhagen

新カールズバーグ美術館 005
新展示室棟
ヘニング・ラーセン建築事務所

新カールズバーグ美術館の既存展示室が取り囲む中庭に増築された3層の展示空間。中央に展示室群を新設し、周囲の旧展示室との隙間に大理石の階段状通路が巡る。その魅力的なシークエンスは、街を望む屋上テラスへと続く。

New Building in the Conservator's Court,
Ny Carlsberg Glyptotek/Henning Larsen
Architects 1996E/Dantes Plads 7, Copen-
hagen

006 コペンハーゲン市庁舎
マーチン・ニーロップ

ストロイエの西端に建つ市庁舎。デンマークの伝統的な赤煉瓦造りの風格ある建物には、高さ106mの塔がそびえる。建設当時としては先駆的だった、中庭にガラス屋根を架けた3層吹抜けのホールは、様々な催しに使われている。

Copenhagen Town Hall/Martin Nyrop
1905/Rådhuspladsen 1, Copenhagen

007 ストロイエ

市庁舎広場からコンゲンス・ニュートー広場に至る全長約1.1kmの通りと複数の広場からなる歩行者空間。市で最初の歩行者専用道で、この成功が契機となり同様の道路が多数設置された。多様な店舗が建ち並び、大道芸も披露される路上は賑わいにあふれ、人間中心の街コペンハーゲンを象徴する場所となっている。

Strøget/1962/Copenhagen

ラウンドタワー 008

トリニタティス教会に併設された
ヨーロッパ最古級の天文観測所。
直径 15 m、高さ 34.8 m のタワー
内部では、全長 209 m の螺旋状
の斜路が屋上の展望台へと続く。
斜路に沿って窓が設置されてい
ることで、窓の位置が少しずつ
ずれた外観が生まれている。

Round Tower/1642/Købmagergade 52A,
Copenhagen

ハウザー広場 009
カレス・エン・ブランズ、ポリフォーム

公園と市の清掃施設センターが
一体で設計された公共建築。地
上レベルの屋上の公園には、曲
線をモチーフにしたユニークな
デザインが施されている。一方、
地階の清掃施設センターでは、
掘り込まれた中庭が休息の場を
提供しつつ内部に潤沢な光をも
たらす。

Hauser Plads/Karres en Brands・Polyform
2013/Hauser Pl. 5, Copenhagen

ステリング・ビル 010
アルネ・ヤコブセン

大ガラス面の使用、正方形のタ
イルと窓による壁面構成が近代
的なヤコブセン初期の作品。隣
接建物のコーニスや窓との調和、
丸みをつけたコーナー部、グレー
と緑の配色などに、周囲の歴史
的景観に配慮する姿勢が垣間見
える。

The Stelling Building/Arne Jacobsen 1937/
Gammeltorv 6, Copenhagen

旧デンマーク・デザイン 011
センター
ヘニング・ラーセン建築事務所

2018 年に建築センター(023)内に
移転したデザインセンターのかつ
ての建物が、カフェ、ギャラリー、
オフィスなどに使用されている。内
部では、ガラス屋根から降り注ぐ光
あふれる吹抜けに緩やかな階段が
配され、のびやかな空間が広がる。

Former Danish Design Centre/Henning
Larsen Architects 1999/H.C. Andersens
Boulevard 27, Copenhagen

012 トーヴァルセン彫刻美術館
ミカエル・ゴットリブ・ビネスベル

デンマークで初めて建設された美術館。人工照明のない時代において、建物の形態や窓の配置、色彩の扱いなど、自然光を活かして展示物をいかに効果的に見せるかの工夫が随所に施されている。

Thorvaldsens Museum/Michael Gottlieb Bindesbøll 1848/Bertel Thorvaldsens Plads 2, Copenhagen

013 コペンハーゲン大学図書館
J・D・ヘアホルト

市内中心部、最も古いキャンパスに建つネオゴシック様式の図書館。ヴォールト天井の吹抜けホールが中央を貫き、その両側に書架と閲覧スペースが配される。閲覧スペースの縦長窓には4枚の調光パネルが設置され、光をコントロールすることができる。

Copenhagen University Library/J.D. Herholdt 1861/Fiolstræde 1, Copenhagen

ヴァレンシア弁護士協会 014
ドーテ・マンドロップ建築事務所

1861 年に建てられた「ヴァレンシア」という煉瓦造りのダンスホールを改修した弁護士協会の事務所。曲面が多用された壁面や家具、鮮やかな黄色の彩色が施された休息スペースなどが各所に散りばめられ、空間に変化が付与されている。

Valencia/Dorte Mandrup Arkitekter
2014R/Vesterbrogade 32, Copenhagen

ヴェスター・ヴォルドゲード 015
通り
コーベほか

ジャーマーズ広場から内港へと続く全長約1kmの大通り。4車線だった車道を2車線に減らすことで日当たりの良い側に幅員約10mの歩行者空間を設け、各所で異なるベンチやテーブル、舗装等により多彩なデザインが施されている。

Vester Voldgade/Cobe・Hall McNight・GHB
Landskabsarkitekter 2013R/Copenhagen

016 旧証券取引所 "ベアセン"
ローレンス＆ハンス・ファン・ステーンヴィンケル

クリスチャン４世により建設された証券取引所。装飾的なルネサンス調の妻面と三角屋根のドーマー窓の連なり、４匹の竜が絡み合う高さ56mの尖塔など、特徴ある外観に歴史が感じられる。

Former Stock Exchange ¨Børsen¨/Lorenz & Hans van Steenwinckel 1625/Børsgade 1, Copenhagen

017 デンマーク国立銀行
アルネ・ヤコブセン

ヤコブセンの遺作。屋上庭園のある低層部と中庭のある台形平面の高層部からなる。外観は大理石とガラスにより垂直性が強調され、高さ20mに及ぶ吹抜けのエントランスでは、スリットから差し込む光とワイヤーで吊られた階段が見る者を圧倒する。

Denmarks Nationalbank/Arne Jacobsen 1971/Havnegade 5, Copenhagen

カルヴェボッド・ボルイエ 018
JDS建築事務所

夏には海水浴客で賑わう内港に
設置された三角形の2つの桟橋。
その平面形状に加え、高低差や
段差を設けることで日光浴や休憩、
海への飛び込み、ウォーキング
やサイクリングといった多様なア
クティビティを共存させている。

Kalvebod Bølge/JDS Architects 2013/
Kalvebod Brygge, Copenhagen

ハーバーバス 019
**ビャルケ・インゲルス・グループ(BIG)、
JDS建築事務所**

内港につくられた海水プール。隣
接する公園を拡張する形で計画
され、桟橋、飛び込み台、遊び
場が設置されていることで、都
市の港に新たな風景を提供して
いる。このプールの成功により、
その後各地で同様の試みが見ら
れることとなった。

Copenhagen Harbour Bath/ Bjarke Ingels
Group (BIG)・JDS Architects 2003/Islands
Brygge14, Copenhagen

020 サイクルスランゲン
ディシング＋ヴァイトリング、ミカエル・コルヴィル・アンデルソン

空中に浮かぶ全長220ｍ、幅4.6ｍの自転車専用道。運河や歩道の上を周囲の建物の間を縫うように緩やかに蛇行する形状により、スピードを抑制し、景観を楽しむ効果が生み出されている。

Cykelslangen (Cycle Snake)/Dissing + Weitling・Mikael Colville-Anderson 2014/ Fisketorvet, Copenhagen

021 デンマーク国立アーカイブ
PLH建築事務所

窓のない2つの直方体のブロックで構成されるアーカイブ施設。長さ370ｍ、高さ12ｍの棚には、膨大な歴史的公文書が保管されている。長大な外壁面では、刻み込まれたシンプルな幾何学模様のレリーフが美しい陰影を生み出している。

The Danish National Archive/PLH Arkitekter 2009/Kalvebod Brygge 32, Copenhagen

022 デンマーク王立図書館
ハンス・ヨルゲン・ホルム、シュミット・ハマー・ラッセン建築事務所

道路を挟み連結された、旧館と新館からなる王立図書館。外壁に黒色花崗岩が使用された新館は、その姿から「ブラックダイアモンド」と呼ばれている。一方、旧館は茶色い煉瓦が重厚感を放つ。

Danish Royal Library/Hans Jørgen Holm 1906, Schmidt Hammer Lassen Architects 1999E/Søren Kierkegaards Plads 1, Copenhagen

デンマーク建築センター 023
OMA

対岸のガメルドック(026)から
2018年に移転、新築された建築
センター。白と緑を基調とする7
つのボックスが千鳥状に配置さ
れた建物の周辺には、広場、公
園、大階段の3種の都市空間が
創出されている。

Danish Architecture Centre/OMA 2018/
Bryghusgade 10, Copenhagen

サイクルブリッジ 024
オラファー・エリアソン

王立図書館の対岸に架かる歩行
者・自転車専用橋。円形の床板
がずれながら連なる平面デザイ
ンが、自転車や歩行者のスピー
ドを抑え、視線の向きに変化を
与えることで風景を楽しむ効果
を生んでいる。帆船を思わせる
デザインも軽やかな印象をもたら
している。

Cirkelbroen/Olafur Eliasson 2015/
Applebys Plads, Copenhagen

デンマーク王立プレイハウス 025
ルンゴー&トランベア建築事務所

運河沿いに建つ王立劇場。水上
に張り出すガラスのボックスにホ
ワイエやカフェなど、その背後に
劇場が配され、深茶色の煉瓦に
覆われたフライタワーが突出する。
緑色のガラスで囲まれた上層の
ボリュームには楽屋やオフィスが
入っている。

Royal Danish Playhouse/Lundgaard &
Tranberg Arkitekter 2008/Sankt Annæ Pl.
36, Copenhagen

026 ガメルドック
エリック・メラー

倉庫を改修した建物で、2018 年まで建築センターとして使用されていた。内部では、古い木の骨組や床がモダンなインテリアと調和している。中層部にある小さな張り出しは、内港を眺める格好の場を提供するとともに外観上のアクセントにもなっている。

Gammel Dok/Erik Møller 1986R/
Strandgade 27, Copenhagen

027 クロイヤー広場の集合住宅
ヴィルヘルム・ラウリッツェン建築事務所、コーベ

折りたたまれたような屋根の形状、凹形煉瓦の外壁が特徴的な集合住宅。その外観は、周辺の既存倉庫に呼応している。5 階建ての住宅ユニット 3 棟で構成され、各ユニット間には緑豊かな中庭が広がる。

Krøyers Plads Housing/Vilhelm Lauritzen
Arkitekter・Cobe 2015/Strandgade 85,
Copenhagen

028 ニューハウン

かつては自動車が行き交い、水夫が飲み歩く船着場であったが、1980 年に歩行者専用空間に生まれ変わって以降はレストランやショップが建ち並び、多くの来訪者で賑わう有数の観光地となった。運河沿いにカラフルな建物が軒を連ねる街並みは、デンマークを代表する景観の 1 つに数えられる。

Nyhavn/Copenhagen

インナーハウン・ブリッジ 029
KBP.EU、カレス・エン・ブランズ

クリスチャンハウンとニューハウンを結ぶ歩行者・自転車専用橋。船舶が通る際には、中央の2レーンが両岸方向にスライドすることで橋が開閉する。手すり板の華やかな色彩が印象的で、橋詰めでくつろぐ人々の姿も見受けられる。

Inderhavnsbroen/KBP.EU・Karres en Brands 2015/between Nyhavn and Christianshavn, Copenhagen

デンマーク国立オペラハウス 030
ヘニング・ラーセン建築事務所

内港の海上に浮かぶように建つオペラハウス。馬蹄形の大劇場と実験劇用の小劇場の2つの劇場を擁する。巨大な屋根の下、メープル材で覆われた大劇場を包み込むガラス曲面の内部には、5層吹抜けのホワイエが広がる。

The Royal Danish Opera House/Henning Larsen Architects 2005/Kongens Nytorv 9, Copenhagen

デンマーク国立美術館 031
ヴィルヘルム・ダレロップ、C・F・メラー建築事務所

赤煉瓦造りの重厚な旧館に併設されたモダンでミニマムな新館。新旧の建物はガラス屋根が架かる自然光あふれる空間で結ばれ、大きなガラス面を通して公園へと開かれている。

National Gallery of Denmark/Vilhelm Dahlerup 1986, C.F. Møller Architects 1998E/Sølvgade 48-50, Copenhagen

032 デザインミュージアム・デンマーク
コーア・クリントほか

デンマークで生み出された家具や建築、工芸品などを中心に展示する博物館。1757年に建設された国内初の公立病院を改装・転用した館内では、世界的に知られる数々の名作を鑑賞することができる。

Design Museum Denmark/Nicolai Eigtved・Lauritz de Thurah 1757, Kaare Klint・Ivar Bentzen 1920sR/Bredgade 68, Copenhagen

033 コンゲンス・ニュートー広場メトロ駅
KHR建築事務所

市内最大の広場に設置された地下鉄駅。吹抜け上部に大きなスカイライトとプリズム装置が設けられ、太陽光が地下ホームにまで降り注ぐ空間には光を希求する北欧らしさが感じられる。

Kongens Nytorv Metro Station/KHR Arcitects 2002/Kongens Nytorv 11, Copenhagen

034 ラジオハウス
ヴィルヘルム・ラウリッツェン

幾何学的で機能主義的な建築でありつつも、人間的で温かみのある素材や形の扱いにデンマークのモダニズムの特徴が感じられる名建築。オフィス棟、スタジオ、コンサートホール等で構成され、2009年からはデンマーク王立音楽学校が使用している。

Radio House/Vilhelm Lauritzen 1945/Rosenørns Alle 22, Frederiksberg, Copenhagen

クリスチャニア 035

市のほぼ中心に位置する人口約
1000人、面積約34haの小さな
自治区。かつて軍の施設だった
エリアにヒッピーたちが住み着い
たことで発展した。独自のコミュ
ニティルールを持ち、住人たち
の好みでつくり込まれた街並み
は個性にあふれ、独特の雰囲気
を醸し出している。

Christiania/1971/Prinsessegade, Copen-
hagen

ヴェネルストのコロニー 036
ガーデン

コペンハーゲンでは、市が19世
紀末から整備を進めている「コロ
ニーガーデン」と呼ばれる小住宅
付きの菜園が点在し、都市生活
者に貸し出されている。1892年
に建設されたこのコロニーガーデ
ンは市内最古のもので、緑あふ
れる人間的なスケールの庭が人々
に憩いをもたらしている。

Colony Gardens at Vennelyst/1892/
Kløvermarksvej 39, Copenhagen

ネアポアト駅 037
コーベ

市の中心部に位置する鉄道駅。
ガラスのパビリオンに屋上緑化
が施された屋根が張り出す建物
は、1日に25万人にのぼる歩行
者の動きを徹底的に研究・分析
した上で設計がなされた。

Nørreport Station/Cobe 2015/Nørre
Voldgade 13, Copenhagen

038 イスラエル広場
コーベ、スヴェコ建築事務所

「地面に浮かぶ空飛ぶ絨毯」というコンセプトにより設計された公共広場。プレイグラウンド、スケートボード場、広場を望む大階段、隣接する公園へと流れ込む水路などで構成され、地下には駐車場も設置されている。

Israels Plads Square/Cobe・Sweco Architects 2014/Linnésgade 3, Copenhagen

039 トルヴェハレルネ KBH
ハンス・ハーゲンス

イスラエル広場の北側に建つ市場。鉄骨とガラスによる控えめな外観を持つ2棟の屋内市場とその間に挟まれた屋外市場からなり、天候に関係なく1年を通して賑わう屋内空間と屋外空間の相互作用が、この市場を特徴づけ、活気あふれる場を形づくっている。

Torvehallerne KBH/Hans Hagens 2011/Frederiksborggade 21, Copenhagen

040 コペンハーゲン癌・健康センター
ノード建築事務所

癌の治療とホスピスを行う施設。家形の空間が結合された構成は、住宅とヘルスケアのハイブリッド化を目指して編み出された。修道院に着想を得た瞑想のための中庭をはじめとして、多様な庭が設置されている。

Copenhagen Centre for Cancer and Health/NORD Architects 2012/Nørre Allé 45, Copenhagen

フォファーターフセト幼稚園 041
コーベ

園児の学習力と創造性を伸ばす場の構築を目指して設計された幼稚園。屋上庭園を備えた5つのボリュームで構成。曲面を描く赤色のルーバーは、外壁としての役割に加え、遊び場にもなるフェンス、日よけとしても機能する。

Forfatterhuset Kindergarten/Cobe 2014/
Edith Rodesvej 2A, Copenhagen

ウスタグロ屋上農園 042

ウスタブロ地区の外れにある4階建てのビルの屋上につくられた農園とレストラン。屋上へは、屋外に設置された小さな螺旋階段でアプローチする。市内各所で進むサステナビリティを高める取り組みの代表的な事例に数えられる。

Øster Gro/2019/Æbeløgade 4, Copenhagen

スーパーキーレン 043
ビャルケ・インゲルス・グループ (BIG) ほか

移民が多いノアブロ地区にある全長約750mにわたる細長い公園。治安の向上を目的にリノベーションされた園内には、50カ国以上の国を代表する遊具が配され、多様性を重視した計画が施されている。

Superkilen/Bjarke Ingels Group (BIG)・
Superflex etc. 2012R/Nørrebroruten,
Copenhagen

044 レンテメスターヴァイ・ライブラリー

トランスフォーム、コーベ

既存の公民館を拡張した図書館。交互に積み重なる4つのアルミニウムのボックスに、対象年齢別の3つの図書室とコンサートホールが入る。各ボックス間のヴォイド空間は、柔軟なオープンスペースとして機能している。

The Library Rentemestervej/Transform・Cobe 2011/Rentemestervej 76, Copenhagen

045 グルントヴィ教会

P・V・イェンセン・クリントほか

独特の破風屋根が印象的な教会。周囲には教会関係者の施設や住宅も建設された。装飾が極力排除された礼拝堂では、垂直性の強い空間が広がり、側廊の高窓と奥の祭壇から射し込む陽光が国産の白煉瓦に反射し、金色の光と静寂が堂内を満たす。

Grundtvigs Church/P.V. Jensen Klint・Kaare Klint 1940/På Bjerget 14B, Copenhagen

サウス・ハーバー・スクール 046
JJW建築事務所

古い港エリアの水辺に建つ学校。近隣との交流を生み出すため、1階の校庭が街の広場を兼ねてデザインされている。学校と港をつなぐ大階段は、臨時の教室や生徒たちの憩いの場、公共の待ち合わせ場所にも使用されている。

South Harbor School/JJW Arkitekter
2015/Støberigade 1, Copenhagen

ザ・シスターンス 047
マックス・サイデンファーデン

19世紀に建造された貯水槽を改築した地下美術館。地上に突出した三角形のガラス屋根が入口の目印になっている。上部から差し込むわずかな光が水面や苔が生い茂る岩に反射する展示空間は幻想的で、その空間特性を活かした展示が行われている。

The Cisterns/Max Seidenfadeng 1996R/
Søndermarken, Roskildevej 28,
Frederiksberg, Copenhagen

オーアスタッド地区 048

市中心部から地下鉄で南へ約10分のところに位置する、東西約600m、南北約5km、総面積約310haの新興開発地区 (2022年完成予定)。文化地区・オフィス地区・住宅地区等で構成され、自由度の高いデザインが許容されていることから、以下の **049 ～ 056** をはじめとして斬新な建物も多い。

Ørestad/2022 (scheduled to be completed) /
Amager Vest, Copenhagen

DRコンサートホール 049
ジャン・ヌーベル

デンマーク放送協会所有のコンサートホール。傾斜床を持つ1800席の大ホールが浮遊するように設置され、その下に3つの小ホールが配される。夜間には建物を覆うブルーのシートに映像が投影され、日中とは大きく異なる表情を見せる。

DR Koncerthuset/Jean Nouvel 2009/
Ørestads Blvd. 13, Copenhagen

050 オーアスタッド・プライエセンター
JJW建築事務所

住民の個室に加え、レストラン、フィットネスクラブ、歯科医院、美容室なども備える老人ホーム。黄色や緑色に彩られた外壁には、ユニークな形状のテラスがランダムに突き出し、ファサードを特徴づけている。

Ørestad Plejecenter/JJW Arkitekter 2012/Asger Jorns Allé 5, Copenhagen

051 ITユニバーシティ
ヘニング・ラーセン建築事務所

並列する2棟の直方体の校舎が5層吹抜けのアトリウムで結びつけられたシンプルな構成。両サイドの校舎から飛び出す箱形の諸室が光あふれるアトリウムに立体感を生み、ガラス越しに見える原色の家具が華やかさを演出している。

IT University/Henning Larsen Architects 2004/Rued Langgaards Vej 7, Copenhagen

052 8ハウス
ビャルケ・インゲルス・グループ（BIG）

ショッピングゾーン、オフィスゾーンが付属する大規模な集合住宅。2つの中庭を取り囲む8の字形平面で構成され、各住戸は中庭側あるいは外側に広めのバルコニーを備える。運河に向けて大きく傾斜する屋上には緑化が施され、迫力ある景観が生み出されている。

8 Houses/Bjarke Ingels Group(BIG) 2010/Richard Mortensens Vej, Copenhagen

053 VMハウス
ビャルケ・インゲルス・グループ（BIG）

オーアスタッド地区で最初期に建設された集合住宅。V形平面とM形平面の2棟からなり、居住者の規模に合わせた80タイプの部屋が並ぶ。V形の棟では各住戸から鋭い三角形のバルコニーが突出し、個性的な外観を呈している。

VM Houses/Bjarke Ingels Group(BIG) 2006/Ørestads Blvd. 57-59, Copenhagen

VMマウンテン 054
ビャルケ・インゲルス・グループ (BIG)

立体駐車場の上部に80戸の住戸が配された階段状の集合住宅。山の写真が転写されたアルミニウムシートで覆われた北面とは対照的に、屋根上部に設置された木製のプランターボックスがうねりながら連続する南面は緑豊かで、温かみのある表情を見せる。

VM Mountain/Bjarke Ingels Group (BIG)
2008/Ørestads Blvd. 55, Copenhagen

ティトゲン学生寮 055
ルンゴー＆トランベア建築事務所

大きな中庭を円環状に取り囲むドーナツ形平面の学生寮。共用のキッチンやテラスなどが中庭に張り出すことで、入居者の様々なアクティビティが中庭を介して共有されている。一方、建物外周に配された各個室は敷地外部へと開かれている。

Tietgenkollegiet/Lundgaard & Tranberg
Arkitekter 2006/Rued Langgaards Vej 10,
Copenhagen

056 オーアスタッドの集合住宅
ルンゴー＆トランベア建築事務所

オーアスタッド地区の中心部に建つ127戸からなる集合住宅。茶色の煉瓦を基調とした壁面と木製サッシの縦長窓による落ち着いたファサードに、奥行1.8mのC字形フレームのテラスが分散的に配置され、ユニークな景観が生み出されている。

Ørestadshuset/Lundgaard & Tranberg
Arkitekter 2007/C.F. Møllers Allé 56,
Copenhagen

057 コペンヒル発電所
ビャルケ・インゲルス・グループ (BIG)

廃棄物をクリーンエネルギーに変換する発電施設。設備を高さ順に配置することで屋上に斜面を生み出し、スキー場やハイキングコースなどとして市民に開放している。発電所という施設に新たな機能を付与し、都市レジャーの場を提供する優れた発想が感じられる。

Copenhill/Bjarke Ingels Group (BIG)
2013/Vindmøllevej 6, Copenhagen

カストラップ空港 058
ヴィルヘルム・ラウリッツェンほか

1939 年にラウリッツェンが設計した波打つ屋根・天井を持つ最初のターミナル（下段写真）は、1999 年に空港西部に移築され、現在はオフィス、また国賓接遇の場として利用されている。現ターミナル（上段写真）は、ラウリッツェンの事務所により設計された。

Kastrup Airport/Vilhelm Lauritzen 1939・1960E, Vilhelm Lauritzen Arkitekter 1998E/Lufthavnsboulevarden 6, Kastrup

デンマーク国立水族館 059
3XN

カストラップ空港の近くに建つ北欧最大級の水族館。アルミの外装が鈍い光を放つユニークな外観が近未来的な様相を呈する。池の間のアプローチに沿って屋内に進むと、円形のホワイエに導かれ、ここから渦巻き状に 5 つの展示空間が展開する。

National Aquarium of Denmark/3XN 2013/Jacob Fortlingsvej 1, Kastrup

060 カストラップ・シー・バス
ホワイト建築事務所

海水浴場に浮かぶ、更衣室とトイレを備えた円形の木製デッキ。様々な幅を持つ板がランダムに並べられた外壁が風を遮り、その内側に水泳スペースや飛び込み台、日光浴のための空間などが配されている。

Kastrup Sea Bath/White Arkitekter 2004/
Amager Strandvej 301, Kastrup

061 ドラエアの街並み

コペンハーゲンから南に約10kmのところに位置する港町。漁業ならびに魚の塩漬け加工の拠点として栄え、古い建造物が数多く残る。黄色やオレンジ色に彩色された壁面が続く街なかには木々や花々があふれ、素朴で温かい雰囲気を味わうことができる。

Dragør

062 アルケン近代美術館
ソーレン・ロバート・ルンド

コペンハーゲン南郊のケーエ湾の畔、海辺に佇む一隻の船のように建つ美術館。長さ150mに及ぶ展示空間では、赤の彩色やコントロールされた光が空間に変化と緊張感を与えている。

ARKEN Museum of Modern Art/Søren
Robert Lund 1994/Skovvej 100, Ishøj

ロドオウア市庁舎　　063
アルネ・ヤコブセン

ガラスのカーテンウォールが連続するファサードが軽やかでモダンな市庁舎。事務棟と会議棟の2棟がガラスの廊下で結ばれ、エントランスでは吊り下げられたスチール製の階段が目を引く。会議室に見られる洗練されたデザインの照明器具も興味深い。

Rødovre City Hall/Arne Jacobsen 1956/
Rødovre Parkvej 150, Rødovre

ロドオウア図書館　　064
アルネ・ヤコブセン

市庁舎の前に広場を挟んで建つ図書館。ガラス張りの市庁舎とは対照的に煉瓦で覆われた外観が閉鎖的な印象を与えるが、内部では5つの中庭に開く形で閲覧室が配されている。ムンケゴーランプをはじめ、ヤコブセンがデザインした照明が随所に使用されている。

Rødovre Library/Arne Jacobsen 1956/
Røovre Parkvej 140, Rødovre

065 ニュエア小学校
アルネ・ヤコブセン

外側に緩やかに反り上がる屋根スラブが載る3つの教室棟が、2つの中庭を挟み並列する構成。教室棟内では、円筒状のトップライトが中廊下を照らし、両側に配された各教室にはハイサイドライトにより光が導かれている。

Nyager Elementary School/Arne Jacobsen
1964/Ejbyvej 100, Rødovre

066 イスレブ教会
インガー&ヨハネス・エクスナー

コの字形の低層部に囲まれた前庭の奥に、大きさの異なる3つのボリュームが並ぶ静謐な教会。最も大きなボリュームである礼拝堂の上部には木製トラスの天井が架かり、外縁の隙間から煉瓦壁を伝い降りる太陽光が闇と静寂に包まれた内部を優しく照らす。

Islev Church/Inger & Johannes Exner
1970/Slotsherrensvej 321, Rødovre

復活教会　067
インガー＆ヨハネス・エクスナー

重厚感のある煉瓦造りの教会。壁同士がずらされ、その隙間に透明ガラスがはめ込まれた八角形平面の礼拝堂では、各スリットから射し込む光が時の変化を堂内に映し出す。中庭を眺めながら回遊できる廊下には、日本建築からの影響も垣間見える。

Church of the Resurrection/Inger &
Johannes Exner 1984/Gymnasievej 2,
Albertslund

バウスヴェア教会　068
ヨーン・ウッツォン

工場のような外観とは対照的に、内部には豊かな空間が広がる。白く塗装されたコンクリートによる曲面天井が頭上を覆う礼拝堂では、下からは見えない位置にある上部開口から採り入れられた光が、天井面に拡散反射しながら舞い降り、堂内を白い光で満たす。

Bagsværd Church/Jørn Utzon 1976/Taxvej
14-16, Bagsværd

069 ムンケゴー小学校
アルネ・ヤコブセン、ドーテ・マンドロップ設計事務所

コペンハーゲン近郊の閑静な住宅地に建つ小学校。長さ約65mの5本の廊下が南北に通り、その左右に中庭を挟みながら6つの教室が並ぶ。2009年には、多面体ガラスで覆われた4つの中庭と諸室が地下に増築された。

Munkegård Elementary School/Arne Jacobsen 1957, Dorte Mandrup Arkitekter 2009E/Vangedevej 178, Dyssegård

070 ガンメル・ヘレルプ高等学校体育館
ビャルケ・インゲルス・グループ (BIG)

既存校舎に囲まれた中庭の地下に増築された体育館。湾曲する集成材の梁が架けられた天井は、中央部が盛り上がる三次元曲面を描く。その形状がそのまま現れた屋外は、学生たちの憩いの場となっている。

Gammel Hellerup Gymnasium/Bjarke Ingels Group (BIG) 2010/Svanemøllevej 87, Hellerup

オードラップゴー美術館 071
新館
ザハ・ハディッド

もと私邸だった木造の旧館に併置された、流れるような曲線を描く打ち放しコンクリートの新館。対比的な新旧の建物が豊かな自然環境の中でうまく調和している。同敷地内に自邸が公開されているフィン・ユールの家具が各所に置かれ、くつろぎの場が提供されている。

Ordrupgaard Museum/Zaha Hadid 2005/
Vilvordevej 110, Charlottenlund

フィン・ユール自邸 072
フィン・ユール

オードラップゴー美術館で公開されている、フィン・ユールが30歳のときに建てた自邸。白い切妻屋根の2つの棟を連結し、シンプルに構成された内部では、彼がデザインし愛用した家具や照明器具などが当時のままに置かれ、自然・建築・インテリアが融合する豊かな空間を体感できる。

Finn Juhl's House/Finn Juhl 1942・1968E/
Kratvænget 15, Charlottenlund

073 コンエンス・リュンビューの野外博物館

1897年に開館し、1901年に現在の場所に移転した、世界でも最大級かつ最古級の野外博物館。40 haに及ぶ広大な敷地に、デンマーク国内の各地で見られる伝統的な建物が展示されており、その暮らしぶりに触れることができる。

Frilandsmuseet/1897/Kongevejen 100,
Kongens Lyngby

074 ベルビュー地区

コペンハーゲンの北郊、ヤコブセンが小学校時代に住んでいた海辺の地区。1930年からリゾート開発が行われ、デンマーク国内でも早期の開発事例に数えられる。ヤコブセンは、1932年に海水浴場整備のコンペに勝利して以降この地区の整備に関わるようになり、以下の075〜079をはじめとして数々の作品を残している。

Bellevue Area/Klampenborg

075 ベルビュー・ビーチ
アルネ・ヤコブセン

地区の憩いの場として年中賑わうビーチ。ヤコブセンは、隣接する公園とビーチの高低差を活かして公園の地盤面に屋根を揃えた更衣室群を設計し、ビーチを囲うように配置した。青と白のストライプが映える監視塔もコンペ時のデザインのまま現存している。

Bellevue Beach/Arne Jacobsen 1934/
Strandvejen 340, Klampenborg

ヴェラヴィスタ集合住宅 076
アルネ・ヤコブセン

機能主義スタイルが色濃いヤコブセン初期の代表作。最下階にガレージ、その上にバルコニー付きの２LDK住戸が68戸並ぶ。どの住戸からも海が見えるように住戸が雁行配置にされた建物には、シンプルながらもリズムが感じられる。

Bellavista Housing Complex/Arne
Jacobsen 1934/Strandvejen 415 A-E,
Klampenborg

ベルビュー劇場 077
アルネ・ヤコブセン

ビーチの道向かいに建つ劇場。白い壁面に大胆にあしらわれた青色の文字が映える建物では、コーナー部、エントランスの屋根、劇場内の客席や竹を用いた天井など、丸みを帯びたデザインが多数見られる。劇場の屋根が開閉可能で、自然光の下で観劇することもできる。

Bellevue Theatre/Arne Jacobsen 1937/
Strandvejen 451, Klampenborg

スーホルム I・II・III 078
アルネ・ヤコブセン

ヤコブセンも一時期住んでいたという集合住宅。ヴェラヴィスタ集合住宅の白い外観とは対照的に、戦後に建設されたこれらの低層集合住宅では黄色の煉瓦が使用されており、デンマークの伝統や風土に回帰するヤコブセンの姿勢が垣間見える。

Søholm I・II・III/Arne Jacobsen 1950・
1951・1954/Strandvejen 413,
Klampenborg

079 ガソリンスタンド
アルネ・ヤコブセン

海岸沿いに建つガソリンスタン
ド。ヤコブセンがデザインした椅
子「アントチェア」を思わせる特徴
的な庇が、存在感を放つ。それ
を支える柱との接合部は、滑ら
かな曲線で一体化されている。

Texaco Tank/Arne Jacobsen 1936/Kystvejen
24, Skovshoved

080 スレロツ市庁舎
アルネ・ヤコブセン

コペンハーゲン北郊の街に建て
られた市庁舎。オーフス市庁舎
(102) と同時期に設計され、大
理石の外壁、正方形の窓、銅葺
きの屋根、ガラス張りのエレベー
ターなど多くの類似点が見られる
が、全体的にはオーフス市庁舎
より控えめにデザインされている。

Søllerød Town Hall (renamed Rudersdal
Town Hall) /Arne Jacobsen 1942/
Øverødvej 2, Holte

081 エーエダル教会
フォー＆フルナー

白煉瓦のストライプが印象的な教
会。礼拝堂内部は白い壁面と木
の天井、暖色系の煉瓦タイルの
床で構成され、静謐な空間が広
がる。正面右手のスリットから射
し込む光が垂直性を高めている。

Egedal Church/Fogh & Følner 1990/
Egedalsvej 3, Kokkedal

ルイジアナ近代美術館 082
ヨーゲン・ボ、ヴィルヘルム・ヴォラート

対岸にスウェーデンを望む景勝地に建つ「世界一美しい美術館」とも言われる名建築。5度にわたる増築を重ねた建物では、古い邸宅を本館として広大な庭を周遊するように各棟が回廊で結ばれ、作品と建物内外が調和した上質な展示空間が各所で展開する。

Louisiana Museum of Modern Art/Jørgen Bo · Vilhelm Wohlert 1958-1991/ Gl Strandvej 13, Humlebæk

フレゼンスボーの集合住宅 083
ヨーン・ウッツォン

レストランやレクリエーション施設なども併設された集合住宅。L字形平面の住宅と庭を壁面で囲う基本ユニットの構成とその配置、素材の扱いにキンゴー・テラスハウス(087)との共通点が見られ、ヴァナキュラーな都市や建築からの影響が感じられる。

Fredensborg Houses/Jørn Utzon 1963/ Bakkedraget, Fredensborg

084 クロンボー城

シェイクスピアの『ハムレット』の舞台としても有名な古城。1420年代に前身となる砦が築かれた後、2度の大改修を経て、現在のルネサンス様式の城塞となった。2000年に世界遺産に登録されている。

Kronborg Castle/1585/Kronborg 2C, Helsingør

085 カルチャーヤード
AART建築事務所

クロンボー城近くに建つ造船所を、コンサートホール、会議室、博物館、図書館を含む複合文化施設に改修した建物。ダイナミックなガラスのファサードが旧建物に新たな息吹をもたらし、内部では光あふれる空間が生み出されている。

The Culture Yard/AART Architects 2010R/Allegade 2, Helsingør

086 デンマーク海洋博物館
ビャルケ・インゲルス・グループ (BIG)

造船所跡に建てられた博物館。船の形状にくり抜かれた深さ7mのドライドックを活かす形で、くの字形の空中通路が設置されており、展示を巡りながらかつての遺構を目の当たりにできる場が提供されている。

Danish Maritime Museum/Bjarke Ingels Group (BIG) 2013R/Ny Kronborgvej 1, Helsingør

キンゴー・テラスハウス 087
ヨーン・ウッツォン

63戸のユニットで構成される住宅群。煉瓦壁で囲われた方形の区画にL字平面の住宅と庭を配したユニットを少しずつずらしながら連続させることで、魅力的な共有スペースが生み出されている。伝統や風土を重んじた設計は、世界各地の集合住宅にも大きな影響を与えた。

Kingohusene/Jørn Utzon 1960/Gurrevej, Kingosvej, Carl Plougsvej, Helsingør

ルードルフ・タイナー博物館 088
ルードルフ・タイナー、モーエンス・ラッセンほか

彫刻家のルードルフ・タイナーが自ら設計した荒々しいコンクリートを纏う博物館。内部の中核に据えられた天井高さ11mに及ぶ八角形のギャラリーでは、大きな天窓から落ちる光が展示作品を穏やかに照らす。起伏のある広大な敷地にも数多くの彫像が点在している。

Rudolph Tegner Museum/Rudolph Tegner・Mogens Lassen 1938, Anders Hegelund 2003R/Museumsvej 19, Dronningmølle

ロスキレ大聖堂 089

1280年頃に完成したとされる初期ゴシック様式の大聖堂。正面にそびえ立つ2本の塔は17世紀に増築された。15世紀以降デンマークの歴代国王が埋葬されている霊廟としても知られ、1995年に世界遺産に登録された。

Roskilde Cathedral/around 1280/Domkirkepladsen 3, Roskilde

090 ヴァイキング船博物館
エーリク・クリスチャン・ソーレンセンほか

コンクリート打ち放しのブルータリズム風の博物館。力強い柱梁によって支えられた展示空間では、外部に広がる海を背景に勇壮なヴァイキング船を観覧できる。港やロスキレ大聖堂への眺望も魅力的で、港内には複製されたヴァイキング船も展示されている。

Viking Ship Museum/Erik Christian
Sørensen 1969, Henrik Terkelsen 1997E/
Vindeboder 12, Roskilde

091 J・F・ウィルムセン美術館
テューエ・ヴァス、テオ・ビャウ

多彩な創作活動で知られる芸術家J・F・ウィルムセンの美術館。1957年に開館した黄土色の旧館に対して、2005年に白い新館が増築され、計9つの展示ホールを持つ。彫刻の展示スペースでは、白い空間を背景に彫刻と光の優美な戯れを目にすることができる。

J.F. Willumsen Museum/Tyge Hvass
1957, Theo Bjerg 2005E/Jenriksvej 4,
Frederikssund

ゲオセンター・メーンス・ 092
クリント
ソーレン・モルバク

南東部に浮かぶメン島の白亜の断崖に建つ地質学博物館。地上部分を最小限に抑え、展示空間の大半が地下に計画されている。木漏れ日の美しいエントランスから地下に降りると、先史時代からの歴史を辿る展示が展開する。

GeoCenter Møns Klint/Søren Mølbak
2007/Stengårdsvej 8, Borre

フールサン・アートミュージ 093
アム
トニー・フレットン

地元の芸術作品をメインに展示する美術館。シンプルな矩形のボックスに3つの筒を貫入させることで、外観に変化をつけながら展示空間に光が採り入れられている。建物の突き当たりには、3面に大きな窓が設けられた田園風景を眺めるためだけの部屋がある。

Fuglsang Art Museum/Tony Fretton 2008/
Nystedvej 71, Guldborgsund

094 アントヴォスコウ教会
ラインブーエン建築事務所

茶系の煉瓦造りの外観とは対照的に、礼拝堂内部は白の壁面で包まれ、白く塗装された木製の天井が緩やかな波を描きながら祭壇方向へと上昇する。連なる壁柱から射し込む光や、ロンシャン教会を思わせる窓の色彩が空間にアクセントを加えている。

Antvorskov Church/Regnbuen Arkitekter
2005/Agersøvej 86B, Slagelse

095 トーンビア教会
フォー＆フルナー

緩やかな曲面屋根を持つ大小のボリュームが重なり合う教会。木製の天井と白壁で構成される礼拝堂では、天井までのびる大きなスリットが祭壇を厳かに照らし、小窓からの光が空間にアクセントを加えている。薄暗い室内に浮遊する照明も美しい。

Tornbjerg Church/Fogh & Følner 1994/
Skærmhatten 1, Odense

フレーデンス教会 096
P・V・イェンセン・クリント

同建築家が手がけたグルント
ヴィ教会 (045) の 20 年前に建
設された教会で、独特の階段
状の破風がこの教会にも見られ
る。ゴシック様式の尖頭アーチ
とヴォールト天井による礼拝堂内
部では、照明器具をはじめとし
て細部に至るまで上質なデザイ
ンが施されている。

Fredens Church/P.V. Jensen Klint 1920/
Skibhusvej 162, Odense

ファーボー美術館 097
カール・ピーターセン

光と色彩にあふれる豊かな内部
空間が展開する古典主義様式の
美術館。天窓から柔らかな光が
落ちる大展示室では、コーア・
クリントがデザインした名作椅子
「ファーボーチェア」に座りながら
作品を鑑賞できる。床のモザイ
クも秀逸で、味わい深い。

Faaborg Museum/Carl Petersen 1915/
Grønnegade 75, Faaborg

098 カルチャーアイランド
シュミット・ハマー・ラッセン建築事務所

人工島のウォーターフロントに建つ複合文化施設。彫刻的なフォルムを持つ建物内部には図書館、映画館、レストラン、カフェなどの多様な機能が収められており、潤沢な自然光を採り込む巨大なガラス面を通して美しい水辺の風景を楽しむことができる。

Culture Island/Schmidt Hammer Lassen
Architects 2005/Havnegade 6, Middelfart

099 コリン城美術館
インガー＆ヨハネス・エクスナー

廃城をリノベーションした博物館。焼け跡が生々しく残る煉瓦造りの空間に、木や鋼材を用いた階段やブリッジを設けることで、建設時期や様式の異なる諸室を巡るユニークなシークエンスがデザインされている。廃墟の雰囲気を助長する照明も興味深い。

Koldinghus/Inger & Johannes Exner 1972-
1992R/Koldinghus 1, Kolding

トラフォルト美術館 100
ボイエ・ルンドゴード

緩やかな高低差を持つ緑地に建つ美術館。蛇行する壁に沿って展示室が配されつつ、採光方法や外部との関係性がうまくデザインされている。1996年には国内最大のデザイナーズチェアの展示室が増築され、敷地内にはヤコブセンが設計し自身のサマーハウスとしていた「規格化住宅」も展示されている。

Trapholt Museum for Moderne Kunst/Boje Lundgaard 1988/Æblehaven 23, Kolding

ヘンネ・メッレ川のシー 101
サイドホテル
ポール・ヘニングセン

照明デザイナーで著名なポール・ヘニングセンが海岸沿いの砂丘に設計したホテル。ローコストで簡素な建物ながら、随所で彼がデザインしたPHランプの灯りを楽しめる。1987年にはオリジナルを尊重しつつ修復・増改築が行われている。

Henne Mølle Å Badehotel/Poul Henningsen 1935/Hennemølleåvej 6, Henne

102 オーフス市庁舎

アルネ・ヤコブセン、エリック・メラー

ヤコブセンの初期の名作。優美な螺旋階段が設置されたエントランスホール、櫛形のスカイライトが配された多目的ホール、議場、執務棟の吹抜けなど、家具や照明器具も含めて随所に質の高いトータルデザインが施されている。

Aarhus City Hall/Arne Jacobsen・Erik Møller 1942/Sønder Allé 2, Aarhus

103 オーフス大聖堂

全長 93 m、全高 96 mを誇る国内最大級の教会。1300 年に創建されたロマネスク様式の聖堂は 1330 年の大火で焼失したが、その後 1449 年から再建が開始され、1500 年に現存するゴシック様式の聖堂が完成した。堂内では国内最大のフレスコ画を見ることもできる。

Aarhus Cathedral/1300/Store Torv, Aarhus

オーフス劇場 104
ハック・カンプマン

1900年に建設されたアールヌーボー様式の劇場建築。4つのホールを内包しており、その1つであるスカラ座ではポール・ヘニングセンが1955年にデザインした二重螺旋のダブルスパイラルランプを見ることができる。

Aarhus Theatre/Hack Kampmann 1900/
Teatergaden, Aarhus

ミュージックホール 105
キアー&リクター、スヴェン・ハンセン、
C・F・メラー建築事務所

5つのホールを擁する北欧最大級の音楽ホール。公園に開かれた全面ガラス張りのホワイエは40本の柱で支えられた大空間で、レストランやカフェ、展示スペースなどが配され、様々なイベントも催されている。

Music Hall/Kjær & Richter · Sven Hansen
1982, C.F. Møller Architects 2003E · 2007E/
Thomas Jensens Allé 2, Aarhus

スカンディナヴィア・センター 106
フリス&モルクテ

カンファレンスセンターとホテルを主とする複合施設。2つの高層建物とそれらを結ぶガラス屋根のアーケードで構成される。全階吹抜けのアーケードには、両棟をつなぐブリッジが点在し、光あふれるダイナミックな空間が広がる。

Scandinavian Centre/Friis & Moltke 1955/
Margrethepladsen 1, Aarhus

107 アロス・オーフス現代美術館
シュミット・ハマー・ラッセン建築事務所

オーフス市庁舎(102)近くに建つ北欧最大級の現代美術館。茶色い箱状の外観に対して、建物中央を貫通する吹抜けホールは白で統一され、緩やかにうねる壁面や螺旋階段など曲面で織りなされた空間が展開する。

ARoS Aarhus Art Museum/Schmidt Hammer Lassen Architects 2004/Aros Allé 2, Aarhus

108 アロス・オーフス現代美術館の展望台
オラファー・エリアソン

開館から7年後に増築された展望台。屋上面から約4m、地上から約40mの高さに、直径約52mの円環通路が周回する。鮮やかな虹色のスクリーンは、彩色された高さ2.8m、幅3.2mの曲面強化ガラスで形づくられている。

Your Rainbow Panorama, ARoS Aarhus Art Museum/Olafur Eliasson 2011/Aros Allé 2, Aarhus

109 オーフス大学本館
C・F・メラー、カイ・フィスカー、パウル・ステーグマン

豊かなランドスケープが広がるキャンパスの一角、緩やかな芝生の斜面に突き出すように建つ本館。煉瓦仕上げの外壁に蔦が這う姿が美しく、ホールではポール・ヘニングセンがデザインしたスパイラルランプが今なお使用されている。

Aarhus University Main Building/C.F. Møller・Kay Fisker・Povl Stegmann 1946/Nordre Ringgade 1, Aarhus

オーフス火葬場の礼拝堂 110
ヘニング・ラーセン建築事務所

V字形のコンクリート屋根の外観が印象的な礼拝堂。屋根の中央部に1枚の垂直板を挟んだスリットが設けられ、堂内に穏やかな光が導かれている。なお、1994年設計のエンホイ教会(130)では、V字形屋根のデザインが木材に素材を変えて実現されている。

Aarhus Chapel Crematorium/Henning Larsen Architects 1967/Viborgvej 47A, Aarhus

オーフス大学植物園の温室 111
C・F・メラー建築事務所

古い温室の改修時に併せて新設された施設。高さ18mの空気膜構造の屋根は10個の鋼製アーチで支えられており、内部の空気圧を変化させることで膜の透明度を調整し、ドームの外観を変えることができる。

Greenhouse in the Botanic Garden, Aarhus University/C.F. Møller Architects 2014/Peter Holms Vej, Aarhus

ソネスガーデ11 112
スレッツ

残存していた工業用建物の基礎を活用し建てられたオフィスビル。亀裂の入ったコンクリート、鋼製の外部階段、半透明のガラス面といった異なる要素がコラージュされたファサードには、周辺との関係性が反映されている。

Sonnesgade 11/SLETH 2016/Sonnesgade 11, Aarhus

113 ゴスバーネン貨物倉庫跡地
**ハインリヒ・ヴェンク、3XN、E + N
建築事務所**

鉄道貨物倉庫とその跡地を展示・
スタジオ・宿泊などの機能を有
する文化施設にコンバージョンし
た建物。2つの倉庫の間に、人
が上がることができる大きな折り
たたみ式屋根が架けられ、ホー
ル、カフェなどが内包されている。

Godsbanen, Freight Depot and Site/
Heinrich Wenck 1923, 3XN・E+N Arkitektur
2012R/Skovgaadsgade 3, Aarhus

114 ドック I
シュミット・ハマー・ラッセン建築事務所

図書館を中心に、市民サービス
センター、オフィススペースなど
が併設された複合施設。多角形
平面と正方形平面のボックスが
重なる外観を持つ建物内部では、
天窓から光が降り注ぐ中央の空
間に斜路が通り、レベル差を巧
みに活かしながら多様なスペー
スが配置されている。

Dokk1/Schmidt Hammer Lassen Archi-
tects 2015/Mindet 1, Aarhus

ハーバープール 115
**ビャルケ・インゲルス・グループ (BIG)、
ゲール建築事務所**

海に突き出した三角形の公共プール。海辺の歩道からそのまま回遊できる木製のデッキが周囲を巡り、その内側の水面に近いレベルのデッキには、泳ぎを楽しめる複数のプールのほか、飛び込み台、更衣室、レストランなどが配されている。

Harbour Pool/Bjarke Ingels Group (BIG) ·
Gehl Architects 2017/Bassin 7, Aarhus

アイスベルグ 116
JDS建築事務所

ウォーターフロント開発により建設された「氷山」という名の大規模な集合住宅。手頃なアパートから高級なペントハウスまで、多様な部屋で構成されている。大胆に傾斜する屋根の形状は、すべての住戸で最適な採光と眺望が得られるよう配慮されることで生み出された。

The Iceberg/JDS Architects 2015/Mariane
Thomsens Gade 43, Aarhus

117 セリングタワー
ドーテ・マンドロップ建築事務所

オーフス港に屹立する近未来的な展望台。海へと突き出す鋼板製の独特の形状は、あらかじめ製作された部材を現場で組み立てるプレファブ工法により実現された。鋼板に開けられた大小の穴から眺望が得られ、夜間は航行灯のように発光する。

Salling Tower/Dorte Mandrup Arkitekter
2015/Bernhardt Jenses Blvd., Aarhus

118 無限の橋
ギエーデ＆ポウルスゴー建築事務所

2015年にオーフスの海岸で開催された国際ビエンナーレのために建設された橋。直径60m、全長188mの円形の甲板が砂浜と海上をまたぐように架けられた橋上からは、潮の干満によって変化する海と街の風景が織りなす壮大なパノラマを楽しむことができる。

The Infinite Bridge/Gjøde & Povlsgaard
Arkitekter 2015/Ørneredevej 3, Aarhus

119 ラウンスビヤー教会
C・F・メラー建築事務所

小高い丘の東向きの斜面に建つ教会。絶妙な寸法と比例、内外共通の煉瓦壁の存在感、屋根を支持する木製の梁、祭壇の木製の十字架などが、温かみと厳粛な雰囲気を醸し出す。直径5mの大きな円窓から射し込む光が、移ろいながら堂内をダイナミックに照らす。

Ravnsbjerg Church/C.F. Møller Architects
1976/Grøfthøjparken 1, Viby

モースゴー先史博物館 120
ヘニング・ラーセン建築事務所

地面と連続する芝生で覆われた
ダイナミックな屋根が特徴的な
博物館。大屋根は、展望台とし
ての役割に加え、演劇やマーケッ
トが開催されたり、冬場はソリ
の滑走路にも使用される。内部
は屋根に沿って3層で構成され、
各層が大階段で結ばれている。

Moesgård Museum/Henning Larsen Architects 2014/Moesgård Allé 15, Højbjerg

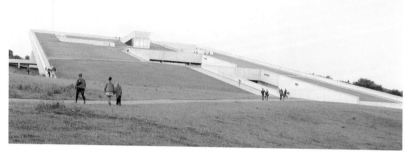

エーブルトフト・ガラス 121
美術館
ハック・カンプマン、3XN

世界各地の現代ガラスアートを
展示する美術館。1986年に旧税
関の建物を改修した旧館がオー
プンし、2006年に現代的な新
館が増築された。芝生の中庭に
開かれた光あふれる清楚な空間
が、展示作品を引き立てている。

Glasmuseet Ebeltoft/Hack Kampmann 1921, 1986R, 3XN 2006E/Strandvejen 8, Ebeltoft

122 アートセンター・シルケボーバズ
ヴィルヘルム・ダレロップ、ペア・ラウステン

1883 年に建設されたスパリゾート施設をアートセンターにコンバージョンした建物。古い建物と新しい要素や現代美術との対比がうまくデザインされている。スパ博物館も隣接しており、周囲の公園に展示された彫刻コレクションも見応えがある。

Art Centre Silkeborg Bad/Vilhelm
Dahlerup 1883, Per Lausten 1998E・2002R/
Gjessøvej 40, Silkeborg

123 ヨーン・ミュージアム
ニルス・トゥルエルセン

本館と後に増築されたウィング棟からなる美術館。展示スペースは、北向きの天窓が設置された 3 つのブロックで構成され、その連続するボリュームが外観にリズムを与える。外壁のアートワークや庭に置かれた展示物が、豊かな外部空間を創出している。

Museum Jorn/Niels Frithiof Truelsen
1982・1998E/Gudenåvej 7-9, Silkeborg

124 デュブケア教会
ラインブーエン建築事務所

矩形で構成されるシンプルな外観を持つ教会。礼拝堂の白い煉瓦壁に穿たれた音響向上のための孔が、不思議な視覚効果を生み出す。トップライトやスリットなど各所から射し込む光が、堂内全体に調和と緊張感をもたらしている。

Dybkær Church/Regnbuen Arkitekter
2010/Arendalsvej 1-9, Silkeborg

ヘアニンのアーバンコン 125 プレックス

この地にあったシャツ工場の オーナーのコレクションにより 発展を遂げた地域。以下の **126**、 **127** のほかに、ヨーン・ウッツォ ンが実験住宅（1967年、下段中 央写真）、ヘニング・ラーセンが ビジネスカレッジ（1995年、下 段右写真）を設計している。

Herning Urban Complex/various archi-
tects 1963-/Herning

カール・ヘニング・ペデルセ 126 ン＆エルシー・アルフェルツ 美術館
C・F・メラー

カラフルなセラミックタイルで覆 われた曲面壁とピラミッド形の プリズムが目を引く美術館。プ リズムの下には正方形のギャラ リーがあり、円形の展示室と地 下通路で結ばれている。

Carl-Henning Pederson & Else Alfelts Mu-
seum/C.F. Møller 1976/Birk Centerpark 1,
Herning

127 ヘアニン現代美術館 "ハート"
スティーブン・ホール

この地域に発展をもたらしたシャツをモチーフに設計された美術館。たわんだ布のような曲面を描く天井では、隙間から光が射し込む。コンクリートの外壁には、布製の防水シートの型枠を用いることで布地の質感が付与されている。

Herning Museum of Contemporary Art "HEART"/Steven Holl 2009/Bitten & Aage Damgaards Plads 2, Herning

128 ヘアニン図書館
GPP建築事務所ほか

ショッピングセンターをコンバージョンした図書館。古い煉瓦壁や配管がむき出しになった内部空間には、様々な椅子が置かれ、穏やかな雰囲気が漂う。ホールの大階段も読書スペースとして自由に使われている。

Herning Library/GPP Architects 2014R/ Østergade 8, Herning

ホルステブロ美術館 129
ハンナ・ケアホルム

家具デザイナーのポール・ケアホルムの妻ハンナの代表作で、旧邸宅と新築部からなる美術館。5ｍスパンの柱と幅3ｍの天窓ヴォールトによる単純な構成ながら、周辺の緑に対して開放的な外部とのつながりや光の採り入れ方に多彩なバリエーションが見られる。

Holstebro Museum/Hanne Kjærholm
1981・1991E/Museumsvej 2B, Holstebro

エンホイ教会 130
ヘニング・ラーセン建築事務所

丘の上に建つV字形の屋根が特徴的な教会。松材でつくられた天井と無彩色のコンクリート壁との対比が美しく、壁際の隙間から降り注ぐ自然光によって天井が浮かび上がる秀逸なデザインが施されている。V字形屋根のデザインは、同建築家が1967年に設計した礼拝堂（110）でも見ることができる。

Enghøj Church/Henning Larsen Architects 1994/Enghøj Alle 10, Randers

131 聖クレメンス教会
インガー＆ヨハネス・エクスナー、クヌッツ・エーリク・ラーセン

南に開けた斜面地に建つ教会。薄暗い静寂に包まれた礼拝堂では、斜面に向かって突き出す祭壇の背後にスリット窓が連なり、時とともに移り変わる光が豊かな表情を生み出している。

Sankt Clemens Church/Inger & Johannes Exner・Knud Erik Larsen 1963/Parkboulevarden 15, Randers

132 グウ教会
インガー＆ヨハネス・エクスナー

粗い打ち放しコンクリートが存在感を放つ教会。床と天井に段差を設けながら空間が連続する礼拝堂では、各々のつなぎ目に設置された上部のスリットから光が降り注ぐ。ランダムに吊り下げられた裸電球が独特の雰囲気を醸し出している。

Gug Church/Inger & Johannes Exner 1972/Nøhr Sørensens Vej 7, Aalborg

北ユトランド美術館　133
アルヴァ・アアルト

デンマークで唯一のアアルト作品。大理石を纏う外観には内部の空間構成が現れている。2階の展示空間では、スカイライトと一体化された光の反射装置が目を引く。外部にはアアルトらしい形をした野外劇場もデザインされている。

North Jutland Art Museum/Alvar Aalto
1972/Kong Christians Alle 50, Aalborg

イェンス・バング邸　134

旧市街地の中心部、旧市庁舎の北側に建つ豪商イェンス・バングの邸宅。1624年建てられた北欧ルネサンス様式の建物で、3つの切妻と彫刻が施された窓の装飾が特徴的なファサードに当時の威光が偲ばれる。

Jens Bang's Stenhus/1624/Østerågade 9,
Aalborg

135 ウッツォン・センター
**ヨーン・ウッツォン、キム・ウッツォン
建築事務所**

ウッツォンの遺作となった海辺に
建つ文化複合施設。正方形を単
位としたワークルームと展示空間、
湾曲した大屋根が架かる図書室、
講堂、船が展示されたホールの
5つのブロックが、各々独立しな
がら中庭を取り囲む。

Utzon Centre/Jørn Utzon・Kim Utzon
Architects 2008/Slotspladsen 4, Aalborg

136 リンホルム・ホイエ

オールボー近郊のネアスンビュ
に残るヴァイキングの墓地遺跡。
ヴァイキングの入植地だったオー
ルボーの歴史を物語る場所であ
り、緩やかな傾斜地に配置され
た 700 に及ぶ墓石群の構成はラン
ドスケープ的にも興味深いもの
がある。

Lindholm Høje/5-11C/Vendilavej 11,
Nørresundby

137 テナー美術館
ニルス・トゥルエルセン

ハンス・J・ウェグナーの生まれ
故郷に建つ美術館。かつての給
水塔がウェグナーの椅子の展示
空間として活用されており、椅子
に自由に座ることができる。一
方、赤煉瓦屋根を冠した白壁の
建物では町の歴史に関する展示
や企画展示が行われている。

Art Museum in Tønder/Niels Frithiof
Truelsen 1995R・1999/Wegners Plads 1,
Tønder

ボーンホルム島 138

コペンハーゲンから東に約170 km、バルト海に浮かぶ面積約 600 km² の小さな島。ボーンホルム美術館をはじめとする現代建築に加え、中世の城跡ハマスフース（左写真）、島内に点在する円形教会（右写真）などの歴史的建造物の見所も多い。

Bornholm

ボーンホルム美術館 139
フォー＆フルナー

ガラス屋根が架かるホールを中心として、展示室が斜面に沿う形で 3 層にわたり分散配置された美術館。入口を起点とする水路の水の流れに導かれながら巡る展示室では、風景を切り取るピクチャーウィンドウが空間に変化と豊かさをもたらしている。

Bornholm Art Museum/Fogh & Følner 2003/
Otto Bruuns Pl.1, Gudhjem, Bornholm

SWEDEN

Nordsjön
北海

● Edinburgh | エディンバラ

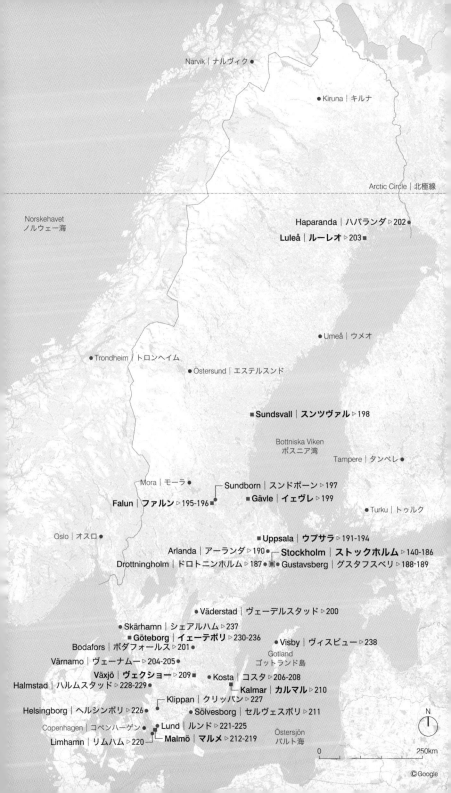

Narvik｜ナルヴィク●

●Kiruna｜キルナ

Arctic Circle｜北極線

Norskehavet
ノルウェー海

Haparanda｜ハパランダ ▷202 ●
Luleå｜ルーレオ ▷203 ■

●Umeå｜ウメオ

●Trondheim｜トロンヘイム

●Östersund｜エステルスンド

■**Sundsvall｜スンツヴァル** ▷198

Bottniska Viken
ボスニア湾
Tampere｜タンペレ ●

Mora｜モーラ●
Sundborn｜スンドボーン ▷197
Falun｜ファルン ▷195-196 ■   ■Gävle｜**イェヴレ** ▷199

●Turku｜トゥルク

■Uppsala｜**ウプサラ** ▷191-194
Oslo｜オスロ ●
Arlanda｜アーランダ ▷190 ● **Stockholm｜ストックホルム** ▷140-186
Drottningholm｜ドロトニンホルム ▷187 ◉ ● Gustavsberg｜グスタフスベリ ▷188-189

●Väderstad｜ヴェーデルスタッド ▷200

●Skärhamn｜シェアルハム ▷237
■**Göteborg｜イェーテボリ** ▷230-236   ●Visby｜**ヴィスビュー** ▷238
Bodafors｜ボダフォールス ▷201 ●   Gotland
Värnamo｜ヴェーナムー ▷204-205 ●   ゴットランド島
Växjö｜ヴェクショー ▷209 ■ ●Kosta｜コスタ ▷206-208
Halmstad｜ハルムスタッド ▷228-229 ●   ■ **Kalmar｜カルマル** ▷210
Helsingborg｜ヘルシンボリ ▷226 ● └Klippan｜クリッパン ▷227
●Sölvesborg｜セルヴェスボリ ▷211
Copenhagen｜コペンハーゲン ● ●Lund｜ルンド ▷221-225   Östersjön
Limhamn｜リムハム ▷220 ─ **Malmö｜マルメ** ▷212-219 バルト海

N

0   250km

©Google

Odengatan

●157｜エンゲルブレクト教会

●155｜ストックホルム市立図書館

Karlavägen

Sveavägen

●158｜スヴェン・ハリー美術館

Humlegården
フムレゴーデン

156｜スウェーデン王立図書館●

Norrmalm
ノルマルム

Birger Jarlsgatan

Vasagatan

●154｜スカンディア・シネマ

●150｜クンスガータン

── 152｜カルチャーハウス

151｜セルゲル広場●　●153｜スウェーデン中央銀行

●148｜ストックホルム・バスターミナル

Kungsholmen
クングスホルメン

●147｜ストックホルム中央駅

Kungsträdgården
王立公園

Hantverkargatan

160｜スウェーデン国立美術館──

161｜ストロムカイエン・フェリーターミナル──

146｜ストックホルム市庁舎●

Norr Mälarstrand

145｜国会議事堂●

143｜ストックホルム宮殿●

141｜ストックホルム大聖堂●

144｜リッダーホルム教会●

●140｜ガムラスタン

Riddarfjärden
リダーフィエルデン

142｜ストールトルゲット広場──

Centralbron

Skeppsbron

165｜KF-HUSET●

Stockholm

Katarina Sofia
カタリーナソフィア

● 159 ｜ オーラス・ペトリ教会

Lidingövägen

Valhallavägen

● 167 ｜ 79 ＆パーク

Lindarängsvägen

Östermalm
オスタマルム

Narvavägen

Oxenstiernsgatan

Strandvägen

● 163 ｜ ヴァーサ号博物館

● 164 ｜ スカンセン

● 162 ｜ ストックホルム近代美術館・建築博物館

Djurgården
ユールゴーデン

Skeppsholmen
ェップスホルメン島

Djurgårdsvägen

● 166 ｜ フォトグラフィスカ

Stadsgårdsleden

N

0   1km

©Google

140 ガムラスタン

市内中心部に浮かぶ3つの島からなる「古い街」という名の旧市街。宮殿や大聖堂をはじめとする歴史的な建造物、街なかに張り巡らされた石畳の通りや路地に中世の面影が色濃く残り、観光地としても名高い。島の中央部を主要な通りが取り囲み、それらと直行するように水際に向かってのびる細い路地により短冊型の街区が形成されている。

Gamla Stan/13-18C/Stockholm

141 ストックホルム大聖堂

市内で最古の教会。堂内には、煉瓦の柱で支えられたアーチ天井が架かる迫力ある空間が広がる。13世紀の建設当初3廊型だった礼拝堂は、15世紀末に5廊型に変更され、外観は18世紀の改修によりバロック風になった。

Stockholm Cathedral/13C/Trångsund 1,
Stockholm

ストールトルゲット広場　142

ガムラスタンにある市内最古の広場で、1520 年の血浴事件の舞台としても有名。周囲には 17 世紀頃に建てられた住宅が残り、西側にはユニークな破風を持つカラフルな商人の家が建ち並ぶ。2001 年には広場に面してノーベル博物館が建設された。

Stortoget/16-18C/Stortoget, Stockholm

ストックホルム宮殿　143

13 世紀に建てられた要塞が 16 世紀から 18 世紀にかけて改修され、現在の姿となった。中庭を建物が取り囲み、周囲の環境に応じて 4 面のファサードが設計されている。水辺に向けて低層のウイングが左右に突き出た北面の姿は壮観で、風格が感じられる。

Stockholms Slott/13C, Nicodenus Tessin
the Younger 1704R/Kungliga Slottet,
Stockholm

リッダーホルム教会　144

13 世紀に建てられたフランチェスコ会修道院を改築した建物で、ストックホルム大聖堂と並び国内最古級に位置づけられる教会。美しい尖塔が印象的な外観には、異なる様式が混在している。17 世紀にグスタフ 2 世アドルフが埋葬されて以降、王族の霊廟となっている。

Riddarholmen Church/13C/Birger Jarls
Torg 2, Stockholm

国会議事堂　145
アーロン・ヨハンソンほか

半円形と矩形の 2 つの棟で構成された国会議事堂。建設当初は、矩形部が議事堂、半円形部が国立銀行だったが、1971 年に銀行が移転した際に集会施設に改築された。新古典主義様式で設計され、中央にバロック様式のファサードが構える。

Riksdagshuset/Aron Johansson 1905,
etc./Riksgatan 1, Stockholm

146 ストックホルム市庁舎
ラグナール・エストベリ

エストベリの代表作とされる、メーラレン湖畔に建つ優美な市庁舎。高窓から柔らかい光が降り注ぐ「青の間」、金のモザイクで覆われた「金の間」、天井が美しい議場など、世界各地の建築技術やデザインを採り入れた多様で上質な空間が随所に広がる。

Stockholm City Hall/Ragnar Östberg
1923/Hantverkargatan 1, Stockholm

ストックホルム中央駅　147
アドルフ・エーデルスバード、フォルケ・ゼターヴァール

1871 年に開業した中央駅。1925 〜27 年の改修時には、ホームの一部が待合ホールにコンバージョンされた。天井高 13 m のヴォールト天井の下を人が行き交うこのホールは、街を象徴する空間の 1 つに数えられる。

Stockholm Central Station/Adolf W. Edelsvärd 1871, Folke Zettervall 1927R/ Centralplan 15, Stockholm

ストックホルム・バスターミナル　148
ラルフ・アースキン

空港連絡バスや長距離バスのターミナル施設。1 階・2 階はバスターミナルとコンコースで構成され、上部を覆う二重ガラスのヴォールト屋根から自然光が降り注ぐアトリウムにはのびやかな空間が広がる。

Stockholm Bus Terminal/Ralph Erskine 1989/Klarabergsviadukten 70-72, Stock-holm

ストックホルム地下鉄駅　149

国内唯一の地下鉄が走るストックホルム。全長約 110 km の 3 路線に 100 の駅が設置されているが、各駅舎の天井や壁にはユニークなアートが施されており、「世界一長い美術館」とも言われる。ブルーラインの 10 号線と 11 号線に、特に個性的な駅が集まっている。

Stockholms Tunnelbana Stations/1931-/ Stockholm

クンスガータン　150
スヴェン・ヴァランダル、イヴァル・カルマンダル

「王の通り」という名の市内中心部を東西に走る大通り。通りを挟んで並び建つ高さ約 60 m の王の塔、1911 年に建設されたマルムシェルナド橋、上にいくほど先細りとなるマルムシェルナド階段など、興味深い都市要素が点在している。

Kungsgatan/Sven Wallander・Ivar Call-mander 1911/Kungsgatan, Stockholm

151 セルゲル広場
デヴィド・ヘルデンほか

新市街地のランドマークとも言える広場。大階段などで地上からアクセスする地下レベルが主階で、そのまま地下のショッピングモールに連結されている。地上では、中央にガラスの塔がそびえ立つ円形の噴水池の周りがロータリーになっている。

Sergel's Square/David Helldén・Piet Hein 1967, Edvin Öhrström 1974E/Sergelstorg, Stockholm

152 カルチャーハウス
ペーター・セルシング

セルゲル広場の南側に建つ、文化センター、国立銀行、市立劇場が入居する複合建築。計画時には、広場北側の商業エリアとのバランスが考慮された。文化センター部分の大ガラス面は、建物内での活動を広場に見せることを意図して設置されている。

House of Culture/Peter Celsing 1973/ Sergelstorg, Stockholm

153 スウェーデン中央銀行
ペーター・セルシング

前面の広場に向かって堂々とした佇まいを見せる銀行ビル。暗い石壁貼りのファサードには、二重のグリッドパターンをずらしたデザインが施され、所々に散りばめられた曲面が変化を与えている。最上階には、光と緑があふれる優美なアーチ形のペントハウスがある。

Bank of Sweden/Peter Celsing 1976/ Brunkebergstorg 11, Stockholm

スカンディア・シネマ 154
エリック・グンナール・アスプルンド

若きアスプルンドがデザインした映画館のインテリア。古いオフィスビルを改修した映画館で、緑を基調とした通路に対して、劇場では赤の空間が広がる。古代遺跡を思わせる彫刻やレリーフが幻想的な雰囲気を醸し出し、非日常感を演出している。

Skandia Cinema/Erik Gunnar Asplund
1923R/Drottninggatan 82, Stockholm

ストックホルム市立図書館 155
エリック・グンナール・アスプルンド

小高い場所にそびえ立つ新古典主義様式の図書館。直径約28 m、天井高約25 mのシリンダー状の書棚に囲まれた閲覧室は圧巻で、スタッコ塗りの白壁に人工照明による間接光が立ち昇り、ハイサイドライトから射し込む自然光が室内に明るさをもたらしている。

Stockholm City Library/Erik Gunnar
Asplund 1928/Sveavägen 73, Stockholm

156 スウェーデン王立図書館
グスタフ・A・ダールほか

市内中心部、フムレゴーデン公園内に建つ古典主義様式の図書館。当時新素材だった鋳鉄を用いて建設され、その後の改修でガラスのボックスが増築されている。細い柱が林立する天井の高い閲覧室には静けさと高貴さが漂う。

Sweden National Library/Gustaf A. Dahl 1878, etc./Humlegårdsgatan 26, Stockholm

157 エンゲルブレクト教会
ラース・イスラエル・ヴァールマン

花崗岩の岩盤の丘に建つアールヌーボー様式の教会。手彫りによる装飾が施された外観や有機的な形状のテラスなどにより、独特の雰囲気が生み出されている。十字形平面をした堂内には、高さ32mに及ぶ丸天井が花崗岩のアーチで支えられた迫力ある空間が広がる。

Engelbrekt Church/Lars Israel Wahlman 1914/Östermalmsgatan 20, Stockholm

スヴェン・ハリー美術館　158
ウィンゴース建築事務所

バーサ公園に面して建つ美術館。真鍮仕上げの外観が黄金に輝く。ガラス張りの開放的な空間が広がる1階には展示室とカフェが配され、スヴェン・ハリーの邸宅とテラスがある屋上では街を見下ろしながら彫刻作品を鑑賞できる。

Sven-Harry's Art Museum/Wingårdh Arkitektkontor 2011/Eastmansvägen 10, Stockholm

オーラス・ペトリ教会　159
ペーター・セルシング

集合住宅を主とした建物に組み込まれた教会。教会らしからぬ外観に対して、白を基調とした礼拝堂には木の風合いと落ち着いた色彩が調和した豊かな空間が広がる。奥の内陣部では2層分の高さが確保され、高窓も設置されている。

Olaus Petri Church/Peter Celsing 1959/Armfeltsgatan 2, Stockholm

スウェーデン国立美術館　160
フリードリヒ・アウグスト・ストューラー、ウィンゴース建築事務所

1866年に建設された古典主義様式の美術館。エントランスからのびる階段と吹抜けのホールは見る者を圧倒する。2013年には中庭にガラスの屋根が設置され、彫刻ギャラリーがオープンし、地下クロークも興味深い空間に改修されている。

Nationalmuseum/Friedrich August Stüler 1866, Wingårdh Arkitektkontor 2013R/Södra Blasieholmshamnen 2, Stockholm

161 ストロムカイエン・フェリーターミナル
マージ建築事務所

真鍮の外壁材で覆われたユニークな形の 3 つのフェリーターミナル。対岸に見える宮殿に向けて、開口部の形状と建物の向きが決定されている。各棟には、チケット売場やキオスクに加え、港に開く展望台と階段も設置されている。

Strömkajen Ferry Terminals/Marge Arkitekter 2013/Strömkajen, Stockholm

162 ストックホルム近代美術館・建築博物館
ラファエル・モネオ

ガムラスタン(140)の東に浮かぶシェップスホルメン島に建つ美術博物館。頂部にトップライトを持つ矩形平面の展示空間が水平方向に連続する構成が、建物上部に突出する大小のトップライトに現れている。

Museum of Modern Art and Architecture/ Rafael Moneo 1998/Exercisplan 4, Stockholm

163 ヴァーサ号博物館
モンソン・ダルベック建築事務所

1628 年にストックホルム港に沈没した軍艦ヴァーサ号を展示・保存する博物館。巨大な展示ホールでは、様々な高さに設置されたバルコニーからヴァーサ号の細部を見ることができる。迫力ある外観は、軍艦をイメージしてデザインされた。

Vasa Museum/Månsson Dahlbäck Arkitektkontor 1990/Galärvarvsvägen 14, Stockholm

164 スカンセン
アルトゥール・ハゼリウス

ユールゴーデン島の高台にある国内初の野外博物館。スウェーデン民芸の父と言われるハゼリウスが 1981 年に開業し、以後の野外博物館のモデルにもなった。各地から移築した家屋や農園などが展示されているほか、動物園、水族園、工房も整備されている。

Skansen/Artur Hazelius 1891/ Djurgårdsslätten 49-51, Stockholm

KF-HUSET 165
KF's建築事務所

崖を背後に控えた港に建つ複合オフィスビル。バスターミナルから天空にのびるリフトと突出する展望フロアは、このエリアのランドマークにもなっている。このリフトは 1936 年の拡張工事で設置されたもので、後に崖側からの歩道橋とも接続された。

KF-Huset/KF's Arkitektkontor 1936/
Stadsgården 2-12, Stockholm

フォトグラフィスカ 166
スペース・コペンハーゲン

1910 年に建てられたアールヌーボー様式の税関庁舎をリノベーションした写真美術館。最上階に配されたカフェでは、古いレンガ壁と木の補強材が調和し、家具や照明とともに心地よい空間が生み出されており、港越しに広がる街の眺望を楽しむことができる。

Fotografiska/Space Copenhagen 2014R/
Stadsgårdshamnen 22, Stockholm

79 ＆パーク 167
ビャルケ・インゲルス・グループ (BIG)

市内東部に広がる緑地の北側に建つ集合住宅。緑地に向けて斜めに振られた 3.6×3.6 m の正方形グリッドに基づく平面構成、段差をつけた断面構成により、各住戸の緑地への眺望が確保されている。屋上を彩る多種多様な植栽も心地よい。

79 & Park/Bjarke Ingels Group (BIG)
2018/Sandhamnsgatan 79, Stockholm

168 ストックホルム大学
ラルフ・アースキン

1974年、アースキンは4人の地元建築家とともにストックホルム大学の新図書館の招待コンペに勝利、以降の **169～173** などの諸施設を手がけた。北欧の自然環境に対して建築がどうあるべきかをテーマとしたアースキンの思想や手法がこれらの施設から見てとれる。

Stockholm University/Ralph Erskine 1974-1996/Frescativägen, Stockholm

169 ストックホルム大学図書館
ラルフ・アースキン

多彩な表現と空間で構成される図書館。ステンレスの外装を纏うメカニカルな上層階に対して、コンクリートパネルによる低層階では外に張り出す読書室が変化を与えている。庭に開かれた大きな閲覧室には、光あふれる心地よい空間が広がる。

Stockholm University Library/Ralph Erskine 1981/Universitetsvägen 14D, Stockholm

170 ストックホルム大学学生会館
ラルフ・アースキン

キャンパス内で最も大胆で力強い外観を誇る施設。幾何学的な形が組み合わされることで多様な空間が生み出されており、1階に共用部屋、上階にカフェテリアとダイニングホールが入る。大屋根の雨樋では興味深いディテールを見ることができる。

Stockholm University Student Centre/Ralph Erskine 1982/Frescativägen 9, Stockholm

ストックホルム大学体育館 171
ラルフ・アースキン

鮮やかに彩色された大屋根が目を引く体育館。楕円を描く集成材の梁が大空間を覆い、天井面の各所から自然光が採り入れられている。南面では、事務室、会議室、スポーツ店などが各々のボリュームを突出させながら並ぶユニークな造形が見られる。

Stockholm University Gymnasium/Ralph Erskine 1982/Svante Arrhenius Väg 4, Stockholm

ストックホルム大学ユー 172 リスタナス・ハウス
ラルフ・アースキン

小さな森に佇む弁護士会のセンター施設。庭を囲う半円形平面の建物に、オフィス、書店、図書館、講堂などが配される。中庭側の回廊では、内部空間の高さに合わせて波打つ屋根が V字形の木の柱で支えられている。

Stockholm University Juristernas House/ Ralph Erskine 1990/Frescativägen 16, Stockholm

ストックホルム大学大講堂 173
ラルフ・アースキン

アースキンが手がけた最後の大学施設。屋根に設置された集光板が、北欧に特有の高度の低い太陽光を受け止め、直下のトッププライトへと効率的に導く。光あふれるホワイエや内外で使われている煉瓦やタイルの扱いなど、見所も多い。

Stockholm University Lecture Hall/Ralph Erskine 1996/Frescativägen 6, Stockholm

174 森の墓地
**エリック・グンナール・アスプルンド、
シーグルド・レヴェレンツ**

アスプルンドの最高傑作とも言われる作品。同時代の建築家レヴェレンツとの共同で設計が開始され、1935年以降アスプルンド単独となった。広大な敷地内には、次の **175〜179** の諸施設が点在する。1994年に世界遺産に登録された。

Skogskyrkogården/Sigurd Lewerentz 1915-1935, Erik Gunnar Asplund 1915-1940/Sockenvägen 492, Stockholm

175 森の火葬場
エリック・グンナール・アスプルンド

屹立する十字架に導かれ、緩やかな坂道をアプローチする劇的なシークエンス。右手の先には瞑想の丘が控える。主礼拝堂の床は緩く傾斜し、奥の丸みをもった壁面が来訪者を優しく受けとめる。待合室や小礼拝堂にも上質な設計が施されている。

The Woodland Cemetry/Erik Gunnar Asplund 1940/Sockenvägen 492, Stockholm

森の礼拝堂
176

エリック・グンナール・アスプルンド

松林に佇む杮葺き屋根の小さな礼拝堂。ポルティコをくぐり、植物文様が施された扉の先には、周囲を巡る列柱とドーム天井に包まれたほんのりと明るい空間が広がる。頂部の天窓から降り注ぐ穏やかな光に心が洗われる。

The Woodland Chapel/Erik Gunnar Asplund 1940/Sockenvägen 492, Stockholm

墓地管理棟
177

エリック・グンナール・アスプルンド ほか

深緑色をした急勾配の4つの方形屋根が印象的な建物。1998年にビジターセンターに改修され、展示スペースやカフェなども設置されている。上部が常に闇で満たされたピラミッド形の内部空間では、小さな開口部から光が導かれ、静かに時が流れる。

Cemetery Management Building/Erik Gunnar Asplund 1923, Göran Bergquist 1998R/Sockenvägen 492, Stockholm

復活礼拝堂
178

シーグルド・レヴェレンツ

左右対称を崩したポルティコや窓の配置、独特のプロポーションの外観が特徴的な新古典主義の礼拝堂。唯一の窓から射し込む光は、彩度を落とした虚ろな灰色の堂内に生気を与える重要な役割を果たしている。

Chapel of the Resurrection/Sigurd Lewerentz 1925/Sockenvägen 492, Stockholm

新火葬施設
179

ヨハン・セルシング建築事務所

既存施設の老朽化に伴い新設された火葬施設。森の礼拝堂から150mほど離れた松林の中に、アスプルンドへの敬意を示すかのように静かに佇む。コンクリートによる控えめな外観に対して、内部では細かなタイルなどで構成された優美な空間が展開する。

The New Crematorium/Johan Celsing Arkitektkontor 2013/Sockenvägen 492, Stockholm

180 聖マーク教会
シーグルド・レヴェレンツ

薄茶色の焼成煉瓦と灰色のモルタルによる落ち着いた外観が白樺の森に溶け込む教会。同じ素材で構成された薄暗い礼拝堂の頭上には、左右の幅と高さを所々互い違いにした変形ヴォールトの煉瓦天井が祭壇に向かって波打ちながら連続する。

St. Mark's Church/Sigurd Lewerentz
1960/Malmövägen 51, Johanneshov (near
Stockholm)

181 ファースタ・フォサムリン・ソーダレツ教会
ボリストロム&リンドロース

L字形の施設建物と大小の礼拝堂が入る矩形のボリュームで構成される教会。メインの礼拝堂では、両サイドに天井高を抑えた側廊が設けられており、ステンドグラスが一面に施された南面から色鮮やかな光が射し込む。

Farsta Församling Söderleds Church/
Borgström & Lindroos 1960/Lingvägen
149, Farsta (near Stockholm)

オースタの教会 182
ヨハン・セルシング建築事務所

岩が露出する敷地に建つ教会。正方形平面の礼拝堂では、各面上部に配された6つの窓から太陽光が降り注ぎ、ランダムに架けられた梁が天井に陰影を与える。全体にわたり、煉瓦とタイルの細やかな扱いがシークエンスの変化に彩りを添えている。

Årsta Church/Johan Celsing Arkitektkontor 2011/Bråviksvägen 47, Årsta (near Stockholm)

聖トーマス教会 183
ペーター・セルシング

光輝くステンレスの十字架が存在感を放つ煉瓦造りの教会。中庭を囲むシンプルな矩形の平面構成に対して階段や鐘楼を突出させることで、外観に変化が付与されている。礼拝堂では、絶妙な位置に設けられた窓、水盤、照明などが優美な空間を演出する。

St. Thomas Church/Peter Celsing 1959/Kirunagatan 9, Vällingby (near Stockholm)

184 テルス保育園
タム＆ヴィーデゴー建築事務所

黄色い曲面壁が目を引く保育園。外壁に木製の縦桟が等間隔で打ちつけられており、夜間にはピンクや緑などに彩色された各室から色とりどりの光が桟越しに放たれる華やかな姿を見ることができる。

Tellus Nursery Schoo/Tham & Videgård Arkitekter 2010/Huvudfabriksgatan 18, Hägersten (near Stockholm)

185 ミレスガーデン
カール・M・ベンツソン

眺望豊かな斜面地に建つ彫刻博物館。スウェーデンで著名な彫刻家のカール・ミレス夫妻が暮らしていた住宅と庭園が当時のまま残され、展示空間として活用されている。テラス式の庭園では、彫刻作品を間近で鑑賞できる。

Millesgården Museum/Carl M. Bengtsson 1908/Herserudsvägen 32, Lidingö (near Stockholm)

186 ミレスガーデン・ギャラリー
ヨハン・セルシング建築事務所

ミレスガーデン内に建てられた現代アートなどを展示するギャラリー。落ち着きあるシンプルなデザインが施され、北に向けられた筒状のスカイライト群とV字形のスカイライトから射し込む光が、内部空間に豊かさをもたらしている。

Millesgården Museum Art Gallery/Johan Celsing Arkitektkontor 1999/ Herserudsvägen 32, Lidingö (near Stockholm)

ドロットニングホルム宮殿　187
ニコデムス・テッシン親子ほか

ストックホルム西郊、ローベン島に建つ宮殿。16世紀に夏の離宮、フランス・バロック様式の宮殿と庭園がつくられた後、18世紀に内装をロココ様式に改装するなどの増改築を重ね、現在の姿となった。1991年に世界遺産に登録されている。

Drottningholms Slott/Nicodemus Tessin the Elder & the Younger 1686, etc./ Drottningholms Slott, Drottningholm

グスタフスベリ陶磁器博物館　188
マグヌス・イサエウス

スティグ・リンドベリやリサ・ラーソンらが活躍したことでも知られるスウェーデンを代表する陶磁器メーカー、グスタフスベリ社の博物館。1967年に開館した園内には、1825年創業の歴史ある建物群に工房やギャラリーなどが配され、独特の雰囲気が漂う。

Gustavsbergs Porslinmuseum/Magnus Isaeus 1876, 1967R/Odelbergs Väg 5, Gustavsberg

アーティペラーグ　189
ヨハン・ニュレン

海辺の森の中に建つアートギャラリー。周囲のランドスケープと一体で設計され、内外で魅力的なシークエンスが展開する。木々の間から海を望むことができる開放的なレストランでは、敷地にあった岩が床に飛び出すユニークなデザインが施されている。

Artipelag/Johan Nyrén 2012/ Artipelagstigen 1, Gustavsberg

190 アーランダ空港
BJR建築事務所ほか

ストックホルムから北に約 40 km
のところに位置する国内最大の
国際空港。1976 年の開港以降、
数度の増改築を経て今日に至る。
施設内には光あふれる空間が広
がる。

Arlanda Airport/BJR Arkitekter 1976, etc./
Stockholm-Arlanda

191 ウプサラ大聖堂

街のシンボルでもある高さ 118 m
の尖塔がそびえる北欧最大級の
大聖堂。フランス・ゴシック様
式で建造された堂内はラテン十
字の平面形をしており、本格的
な周歩廊と放射状の祭室を擁す
る。17 世紀後半まで国王の戴冠
式が執り行われていた由緒ある
聖堂としても名高い。

Uppsala Cathedral/1435/Domkyrkoplan,
Uppsala

192 ウプサラ大学
**ヘルマン・テオドール・ホルムグレーン
ほか**

1477 年に設立された北欧最古の
大学。広場に面して建つホルム
グレーン設計の本館は左右対称
の風格のある建物で、エントラン
スホールには中世の趣が感じら
れるドーム天井や階段などが配
され、荘厳な空間が広がる。

Uppsala University/1477, Helman Theodor
Holmgren 1885, etc./Biskopsgatan 3,
Uppsala

193 ヴェストマンランド・ダラの
学生会館
アルヴァ・アアルト

スウェーデンで実現した数少な
いアアルト作品の 1 つ。ピロティ
で持ち上げられた箱形のホール
には、4 枚の可動間仕切りが設
けられており、その戸袋が矩形
のボリュームの両側に大胆に突出
している。

Västmanlands-Dala Student Union
Building/Alvar Aalto 1965/S:t Larsgatan
13, Uppsala

アルムトゥーマ教会 194
ペーター・セルシング

住宅街に建つ煉瓦造の小さな教会。暖かく家庭的な雰囲気が漂う礼拝堂内部では、平行に並ぶ木製の3つのヴォールト天井が空間を優しく覆いながら緩やかに分節し、中庭側の窓から木製格子で弱められた穏やかな光が射し込む。

Almtuna Church/Peter Celsing 1959/Torkelsgatan 2D, Uppsala

ダーラナス博物館 195
ハーコン・アルベルイ

アルベルイが単独で設計を担当し、数度にわたり増築が重ねられた博物館。建設時期ごとに異なる表現が混在し、その痕跡を随所に見ることができる。中央ホールには石畳の中庭を経由してアクセスする。

Dalanas Museum/Hakon Ahlberg 1936-1962/Stigaregatan 2-4, Falun

ダーラナ大学メディアライブラリー 196
ADEPT

金属製の水平ルーバーと木製パネルのダブルスキンが独得の表情を生み出している大学図書館。白を基調とした光あふれる内部には、中央部のアトリウムを基点として螺旋状に本棚が取り囲む壮大な空間が広がる。

Dalarna University Media Library/ADEPT 2014/Högskolegatan 2, Falun

197 カール＆カーリン・ラーション・ハウス
カール＆カーリン・ラーション

国民的画家のカール・ラーションが夫婦で改修しながら暮らした自邸。開口部や屋外の設えに自然環境との豊かな関係性が垣間見える。カーリンがデザインした家具やタペストリーなども見応えがある。

Carl & Karin Larsson's House/Carl & Karin Larsson 1890-1912R/Carl Larssons Väg 12, Sundborn

198 ナクスタ教会
ペーター・セルシング

ノアの方舟をモチーフにした独特の形をした教会。素材や色彩の扱いにも、煉瓦を主とするセルシングの作風とは異なる一面が見られる。白壁で囲われた礼拝堂では、木の天井と架構が全体を引き締め、側面に設置された2段のフィンが光を上方へ導く。

Nacksta Church/Peter Celsing 1969/Midälvavägen 2, Sundsvall

イェヴレの火葬場 199
ELLT

森林墓地に佇む火葬場。松林の静けさと光に包まれるなか、松の羽目板で覆われた天井を持つ水平な屋根が塀越しに浮かぶ。高窓で包囲された礼拝堂、鋼製梁で構成された鐘楼など、軽快で開放感のある空間が展開する。

Gävle Krematorium/ELLT 1960/
Skogsljusvägen 1, Gävle

トーカン・ビジターセンター 200
ウィンゴース建築事務所

周囲の自然に埋もれるように建つ茅葺屋根のビジターセンター。屋根の形状を受け継ぎダイナミックに上下する天井が印象的な内部では、頂部の天窓から穏やかな光が落ちる。少し離れたところにバードウォッチングタワーも併設されている。

Tåkern Visitor Centre/Wingårdh Arkitekt-
kontor 2008/Glänåsbesöksområde 1,
Väderstad

201 ボダフォールスの教会
ラルフ・アースキン

木工産業で知られる街の既存教会の改修。集会室や洗礼室などが新たに追加され、水平方向にのびる低い直方体のボックスから、礼拝堂の切妻屋根と鐘楼が突き出す。内外装に多用されている挽板が独特の表情とスケール感を与えている。

Bodafors Church/Ralph Erskine 1972R/
Kapellgatan 4, Bodafors

202 ハパランダの教会
ELLT

波形の銅板シートに覆われた特徴的な外観を持つ教会。火事で焼失したかつての教会に代わり、1963 年に建設された。堂内には鉄骨のフレームや金属パネルなどが使用されており、工業的な雰囲気も感じられる。

Haparanda Church/ELLT 1967/Kyrkplan 1,
Haparanda

203 ガンメルスタードの教会街

ボスニア湾に面する北部の港町ルーレオの近郊に築かれた教会街。15 世紀に建設された石造教会を中心に、424 軒にのぼる木造家屋が放射線状に広がる。外壁を赤く塗装された切妻屋根の家屋は、遠方から訪れる巡礼者のための宿泊施設としてつくられた。1996 年に世界遺産に登録されている。

Church Town of Gammelstad/15C/
Kyrktorget 1, Gammelstad, Luleå

204 マットソン・センター
ブルーノ・マットソン

マットソンの故郷に建てられた展示館。ガラス面による構成、シンプルな素材とディテールの扱いが、周囲の庭と内部との親密な関係性を生み出している。マットソンの作品が多数展示されており、彼の家具で構成されたオフィス空間も見ることができる。

Bruno Mathsson Centre/Bruno Mathsson
1950/Tånnögatan 17, Värnamo

ヴァンダロールム・ミュージアム 205
レンゾ・ピアノほか

ピアノの基本構想のもと、広大な草原に建てられた美術館。この地域に見られる納屋を彷彿させる切妻屋根の赤いボリュームを並べ、展示空間のシークエンスがつくり出されており、内部では北向きの天窓から自然光が降り注ぐ。

Museum Vandalorum/Renzo Piano・Sigurdur Gustafsso 2011, Magnus Silfverhielm 2017E/Skulpturvägen 2, Värnamo

コスタボダ・アートホテル 206
アーキテクトボラーゲト

1742年創業のスウェーデンを代表するガラスメーカー、コスタボダがプロデュースするデザインホテル。ホテル内では、ガラスアートと一体となったインテリアが楽しめる。プールに面した外壁は、照明にもなるアートガラスの装飾で彩られている。

Kosta Boda Art Hotel/Arkitektbolaget 2009/Storavägen 75, Kosta

コスタボダ・グラスアートギャラリー 207
ブルーノ・マットソンほか

コスタボダの工場敷地内にあるミュージアム。親密で心地のよい中庭を取り囲むように、複数の棟が回廊で連結される。中庭側に大きなガラス面が設けられたホールの床は、コスタボダ製のガラスモザイクで仕上げられている。

Kosta Boda Art Gallery/Bruno Mathsson etc. 1950s/Stora Vägen 98, Kosta

208 グラスハウス
ブルーノ・マットソン

コスタボダの職人用の住宅。片流れ屋根の平屋建物に5つの住戸が連なる。表裏の両面にガラス面を設けることで明るさが確保された室内には、マットソンがデザインした家具も置かれ、細部に至るまで上質な設計が施されている。

Bruno Mathsson Glasshouse/Bruno Mathsson 1955/Holsteins Väg 28, Kosta

209 ヴェクショー市立図書館新館
シュミット・ハマー・ラッセン建築事務所

建築家エリック・ウルオットの設計により1965年に建設された図書館の増築部。正方形平面の既存建物に接するように、石とガラスによる円形の新館が追加されている。3層吹抜けのアトリウムでは、丸い形状と対比をなすように直線階段が中央を貫く。

Växjö City Library/Schmidt Hammer Lassen Architects 2003E/Västra Esplanaden 7, Växjö

カルマル現代美術館　210
タム＆ヴィーデゴー建築事務所

黒い木製パネルとガラスの開口
部で覆われたボックス状の美術
館。4層で構成され、全階を結
ぶ螺旋階段を昇るごとに異なる
空間が広がる。最上階のギャラ
リーには、外観では確認できな
い鋸状の天窓が設置されており、
潤沢な光が採り込まれている。

Kalmar Museum of Art/Tham & Videgård
Arkitekter 2008/Stadsparken,
Slottsvägen, Kalmar

リステール州裁判所　211
エリック・グンナール・アスプルンド

鉄道駅からのびる通りに対して
大きな切妻面が存在感を放つ裁
判所。半円形の階段、玄関アー
チと網目模様がファサードに独
特の印象を付加している。平面
はシンメトリーで、円筒形の法廷
を諸室が取り囲み、背面では法
廷の円筒の一部が突出する。

Listers Harads Tingshus/Erik Gunnar
Asplund 1921/Tingshusgatan 4, Sölvesborg

マルメ・サルハル　212
ウィンゴース建築事務所

屋根も朽ちていた貨物倉庫をコ
ンバージョンしたマーケットホー
ル。当初倉庫と同じボリュームを
並置する予定だったが、地下か
ら埋蔵物が発掘されたことで建
設範囲が限定されたため、足元
を浮かせながらシルエットを倉庫
の形にした赤い錆色の建物が新
設された。

Malmö Saluhall/Wingårdh Arkitektkontor
2013R/Gibraltargatan 6, Malmö

213 マルメ近代美術館
タム&ヴィーデゴー建築事務所

ストックホルム近代美術館(162)の別館。両隣の煉瓦造りの建物とは対照的に、鮮やかな赤色に塗装されたパンチングメタルのファサードが際立つ。木の床と真っ白な壁で構成された展示室ではニュートラルな空間が展開する。

Moderna Museet Malmö/Tham &
Videgård Arkitekter 2009/Ola Billgrens
Plats 2-4, Malmö

214 マルメ城

15世紀につくられたルネサンス様式の城塞で、かつてはデンマーク王室の別荘や牢獄としても使用された。現在は、地上部が博物館と美術館、地下が動物園と水族館にコンバージョンされており、街のシンボルにもなっている。

Malmö Catsle/15C/Malmöhusvägen 6,
Malmö

マルメ・アートギャラリー 215
クラース・アンスヘルム建築事務所

アンスヘルムの代表作。内部には白で統一された大空間が広がるが、北に向けられた大きな斜めの天窓、天井高や床のレベル差を活かして、多彩な展示にフレキシブルに対応している。後にカフェと書店が増築された。

Malmö Art Gallery/Klas Anshelm
Arkitektkontor 1976/S:t Johannesgatan 7,
Malmö

マルメ市立図書館 216
ヘニング・ラーセン

1946 年に建てられた図書館に併設された新館。赤煉瓦造りの旧館とは円筒形のエントランスで連結される。大きなガラス面で公園へと開かれた 4 層吹抜けの閲覧室には、光にあふれた透明感のある空間が広がる。

Malmö City Library/Henning Larsen 1997/
Kung Oscars Väg 11, Malmö

217 ウエスタンハーバー地区
クラース・タムほか

2001 年に開催されたサスティナブルをテーマにした住宅博覧会「BoO1」をきっかけに開発された地域。海に面した中層の集合住宅とウッドデッキ、中庭を備えたテラスハウス、構造家カラトラヴァによる彫刻的な高層棟、内陸部の路地など、見所が多い。

Malmö Western Harbour/Klas Tham · City of Malmö Planning Office etc. 2001, Santiago Calatrava 2005/Östra Varvsgatan, Malmö

218 リバースボルク野外浴場

マルメ港の西、遊歩道からのびる桟橋の先の海上に建つ木造の野外浴場。サウナや海水浴を楽しむ交流の場として、地域の人々に活用されている。天災等により幾度も倒壊してきたが、そのつど再建され今日に至る。

Ribersborgs Kallbadhuset/1898/ Limhamnsvägen, Brygga 1, Malmö

聖クヌット・聖ゲアトルド 219
礼拝堂
シーグルド・レヴェレンツ

公営墓地に並ぶ2つの礼拝堂。入口には、木組みの屋根が架かるポルティコが張り出す。堂内は、大理石の破片が埋め込まれた煉瓦壁、テラゾーの床で構成され、正面上部から射し込む光が空間全体をやさしく包む。

Chapels of St. Knut and St. Gertrud/Sigurd Lewerentz 1943・1955E/Scheelegatan 38F, Malmö

海洋教育センター 220
ノード建築事務所

対岸にコペンハーゲンを望む海辺に建つ、のびやかな大屋根が印象的な海洋教育施設。屋根から突出するトップライト群が外観に表情を与える一方、内部ではその形状に合わせて天井が切り込まれ、導かれる光とともに空間に変化をもたらしている。

Marine Education Centre/NORD Architects 2018/Ribersborgsstigen 4, Limhamn Varvsgatan, Malmö

221 ルンド大学
ヘルゴ・ゼターヴァールほか

1666 年に設立された、ウプサラ大学(192)に続き国内で 2 番目に古い大学。自然豊かで広大なキャンパスには歴史的な建造物が建ち並ぶ。赤煉瓦の建物が多いなか、ゼターヴァール設計の白い宮殿のような建物がひときわ存在感を放っている。

Lund University/1666, Helgo Zettervall
1982, etc./Helgonavägen 2, Lund

222 ルンド大聖堂

2 本の塔が力強くそびえ立つロマネスク様式の大聖堂。翼廊と後陣を備えた構成、連続するアーチに支えられた広大な地下室などに特徴が見られる。地元の砂岩が用いられた重厚な堂内には、限られた窓から光が射し込み、荘厳さが漂う。

Lund Cathedral/1145/Kyrkogatan 6, Lund

223 ルンド大聖堂フォーラム
カルメン・イスキエルド

ルンド大聖堂の隣に建つ、個性的な外観が目を引く建物。風化を考慮して外壁には真鍮合金が用いられ、大きな開口部が大聖堂に向かって張り出す。講堂やミーティングルームが配される内部では、バランスよく採光された空間が展開する。

Cathedral Forum/Carmen Izquierdo 2011/
Kyrkogatan 4, Lund

ルンド・アートギャラリー 224
クラース・アンスヘルム

周辺の建物に合わせた赤煉瓦の外壁を持つアートギャラリー。建物の中心に中庭があり、2つのギャラリーを結ぶ廊下が左右に配される。外観とは対照的に内部は白で統一され、ギャラリーへは中庭に面する屋根に設置されたガラスパネル越しに自然光が導かれる。

Lund Art Gallery/Klas Anshelm 1957/
Mårtenstorget 3, Lund

スキッサーナス美術館 225
ハンス・ウェストマン、エルディング・オスカーソンほか

ルンド大学構内に建つ、パブリックアートのスケッチを収集・展示する美術館。1934年に開館した最初の建物は体育館を改築したもので、2017年の拡張時にはコルテン鋼の外壁に正方形の開口部がランダムに配された新棟が増築された。

Skissernas Museum/Hans Westman
1934R, Johan Celsing 2005E, Elding
Oscarson 2017E/Finngatan 2, Lund

226 ヘルシンボリ市立コンサートホール
スヴェン・マルケリウス

スウェーデンで最初期の機能主義建築。矩形と円形の白いボリュームが組み合わされたシンプルな外観に対して、内部ではレベル差や空間の開放・絞り込みなどの操作によりシークエンスが豊かに演出されている。

Helsingborg Konserthuset/Sven Markelius
1932/Roskildegatan 1, Helsingborg

227 聖ペーター教会
シーグルド・レヴェレンツ

粗野な黒煉瓦が徹底して用いられた教会。礼拝堂には、隆起する床、ヴォールトが連なる天井がかすかな光でようやく認識できるほどの闇に包まれた神秘的な空間が広がる。外壁にクリップ止めされたガラス窓をはじめ、ディテールにもこだわりが感じられる。

St. Peter's Church/Sigurd Lewerentz
1966/Vedbyvägen, Klippan

ハルムスタッド図書館 228
シュミット・ハマー・ラッセン建築事務所

川沿いの緑地に建つ図書館。湾曲するガラス張りのボリュームが水上に張り出した建物内部は、1つのオープンスペースで構成され、フレキシビリティの高い空間が実現されている。3層のフロアを垂直につなぐアトリウムでは、建物全体を一目で把握できる。

Halmstad Library/Schmidt Hammer Lassen Architects 2006/Axel Olsons Gata 1, Halmstad

マルティン・ルター教会 229
ベアティル・エングストラン、ハンス・スペク

鈍い光を放つステンレスの外観とは対照的に、内部では温かみのある空間が広がる。緩やかにカーブを描きながら変化する天井のユニークな形状が、屋根の形にそのまま現れている。

Martin Luthers Church/Bertil Engstrand・Hans Speek 1971/Östra Lyckan 5, Halmstad

230 イェーテボリ中央駅
アドルフ・W・エーデルスバードほか

ゴシックリバイバル様式で建てられた国内最古の駅舎。1858 年に開業した黄色い煉瓦造りの建物のオリジナルのディテールは、西側入口のファサードで見ることができる。1930 年には、木製のアーチが架かるオープンスペースが増築された。

Göteborgs Central Station/Adolf W.
Edelsvard 1858, Folke Zettervall 1923E・
1930E/Drottningtorget 5, Göteborg

231 ニルス・エリクソン・バスターミナル
ニルス・トープ

イェーテボリ中央駅に隣接する長さ 150 m のバスターミナル。鉄とガラスによる非対称形のアーチに包み込まれたホール内部は、あたかも外部にいるかのような印象を与える。大規模ながらも人間的なスケールの空間が配され、温かみが感じられる。

Nils Ericson Terminal/Niels August Torp
1986/Gullbergvass, Göteborg

232 イェーテボリ市立美術館
ジークフリート・エリクソン

伝統的な黄土色の煉瓦が用いられた新古典主義様式の美術館。市制 300 周年を記念して建設された建物で、縦長のアーチが連続する堂々としたファサードがメインストリートの軸線を受けとめる。

Göteborgs Konstmuseum/Sigfrid Ericson
1923/Götaplatsen 6, Göteborg

イェーテボリ市立劇場 233
カール・ベルイステン

設計当初の古典主義様式に機能主義的表現が加わり完成した劇場。重厚な石張りの壁面とキャノピーを持つ基壇のように扱われた1階の上に、古典的な列柱とコーニス、大きなガラス面が載る。劇場は馬蹄形で、そのボリュームが建物上部に突出している。

Göteborgs Stadsteater/Carl Bergsten
1934/Götaplatsen 4, Göteborg

イェーテボリ裁判所増築 234
エリック・グンナール・アスプルンド

旧市庁舎との融合と対比が秀逸な建物。軒高と階高、色調を合わせた外観では、ガラスやラーメン構造といった近代的要素が付加されている。中庭からの光にあふれた吹抜けのホールには、照明や家具に至るまで上質なデザインが施されている。

Göteborg Law Courts/Erik Gunnar
Asplund 1937/Gustaf Adolfstorg 1,
Göteborg

235 ハーランダ教会
ペーター・セルシング

住宅街の小高い場所に建つ教会。鐘楼、礼拝堂、執務棟により美しいランドスケープが生み出されている。闇に包まれる煉瓦造の礼拝堂では、射し込む光が空間に生命力を与え、入口の木格子により紡ぎだされる光と影のパターンが堂内で刻々と変化する。

Härlanda Church/Peter Celsing 1959/
Härlandavägen 23, Göteborg

236 イェーテボリ・ベイジング カルチャー
ラウムレイバー

工業港の水辺に住民とのセルフビルドでつくられたサウナ施設。独特の形状を覆う外壁には、海軍設備の風化した金属が転用された。カラマツ材で設えられたサウナ室では、ランダムに配された窓により変化をつけたデザインが施されている。

Göteborg Bathing Culture/Raumlabor
2014/Frihamnen 7, Göteborg

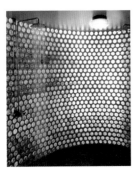

ノルディック水彩画美術館　237
ニールス・ブルーン、ヘンリック・コルフィッセン

イェーテボリの北に浮かぶショーン島の西岸、海辺の岩場に建つ水彩画に関する展示・研究施設。赤い木製の壁面が目を引く本館は、大きなガラス面で海へと開かれる。対岸には木造の５つのスタジオが建ち並び、細い木橋で本館と結ばれている。

Nordic Watercolor Museum/Danes Niels Bruun・Henrik Corfitsen 2000/Södra Hamnen 6, Skärhamn

ヴィスビュー　238

国内最大の島であるゴットランド島の中心都市。旧市街を取り囲む3.4 kmに及ぶ石壁が現存し、石畳の小路、点在する廃墟教会など見所も多い。大聖堂がそびえる高台からは、バルト海を背景に風合いのあるオレンジ色の屋根が連なる美しい街並みを望むことができる。1995 年に世界遺産に登録された。

Visby/10C/Visby, Gotland

FINLAND

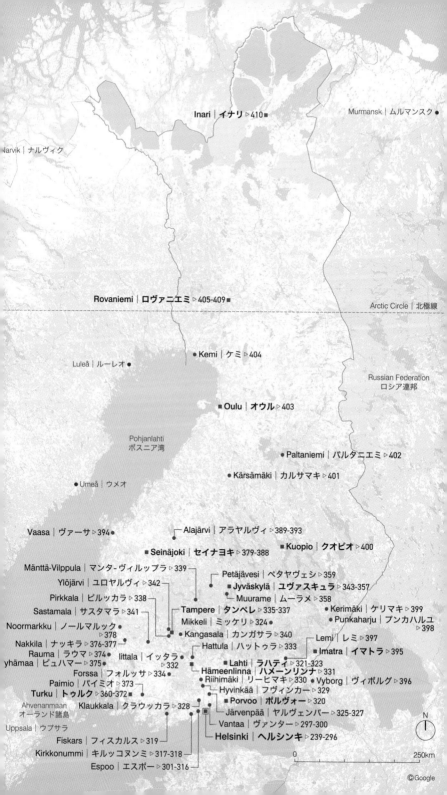

Inari | イナリ ▷410 ■

Murmansk | ムルマンスク

Narvik | ナルヴィク

Rovaniemi | ロヴァニエミ ▷405-409 ■

Arctic Circle | 北極線

Kemi | ケミ ▷404

Luleå | ルーレオ ●

Russian Federation
ロシア連邦

Oulu | オウル ▷403

Pohjanlahti
ボスニア湾

Paltaniemi | パルタニエミ ▷402

Kärsämäki | カルサマキ ▷401

Umeå | ウメオ

Vaasa | ヴァーサ ▷394 ●

Alajärvi | アラヤルヴィ ▷389-393

Kuopio | クオピオ ▷400

Seinäjoki | セイナヨキ ▷379-388

Mänttä-Vilppula | マンタ・ヴィルップラ ▷339

Petäjävesi | ペタヤヴェシ ▷359

Ylöjärvi | ユロヤルヴィ ▷342

Jyväskylä | ユヴァスキュラ ▷343-357

Pirkkala | ピルッカラ ▷338

Muurame | ムーラメ ▷358

Sastamala | サスタマラ ▷341

Tampere | タンペレ ▷335-337

Kerimäki | ケリマキ ▷399

Noormarkku | ノールマルック ▷378

Mikkeli | ミッケリ ▷324

Punkaharju | プンカハルユ ▷398

Nakkila | ナッキラ ▷376-377

Kangasala | カンガサラ ▷340

Rauma | ラウマ ▷374

Hattula | ハットゥラ ▷333

Lemi | レミ ▷397

Uhämaa | ピュハマー ▷375

Iittala | イッタラ ▷332

Imatra | イマトラ ▷395

Forssa | フォルッサ ▷334

Lahti | ラハティ ▷321-323

Paimio | パイミオ ▷373

Hämeenlinna | ハメーンリンナ ▷331

Turku | トゥルク ▷360-372 ■

Riihimäki | リーヒマキ ▷330

Vyborg | ヴィボルグ ▷396

Hyvinkää | フヴィンカー ▷329

Ahvenanmaan
オーランド諸島

Klaukkala | クラウッカラ ▷328

Porvoo | ポルヴォー ▷320

Järvenpää | ヤルヴェンパー ▷325-327

Uppsala | ウプサラ

Vantaa | ヴァンター ▷297-300

Helsinki | ヘルシンキ ▷239-296

Fiskars | フィスカルス ▷319

Kirkkonummi | キルッコヌンミ ▷317-318

Espoo | エスポー ▷301-316

N

0   250km

©Google

Linnanmäki
リンナンマキ遊園地

● 256 ｜ 文化の家

● 255 ｜ 国民年金会館本館

● 252 ｜ ヘルシンキ・オリンピックスタジアム

Helsinginkatu

257 ｜ カッリオ教会 ●

● 253 ｜ トーロ図書館

Eläintarhantie

● 258 ｜ ヘルシンキ市立劇場

● 251 ｜ フィンランド国立オペラハウス

Töölö Bay
トーロ湾

Hämeentie

Eläintarhanlahti
エラインタルハンラハティ

● 254 ｜ トーロ教会

Runeberginkatu

Mannerheimintie

● 250 ｜ フィンランディア・ホール

271 ｜ ヘルシンキ大学博物館アルッペアヌム ─

248 ｜ フィンランド国立博物館 ●

272 ｜ ヘルシンキ大聖堂 ─

244 ｜ ヘルシンキ・ミュージックセンター ●

● 245 ｜ ヘルシンキ中央図書館 "オオディ"

261 ｜ テンペリアウキオ教会 ●

249 ｜ 国会議事堂 ●

● 247 ｜ サノマハウス

243 ｜ 国立現代美術館 "キアズマ"

● 239 ｜ ヘルシンキ中央駅

246 ｜ 国会議事堂別館 ●

259 ｜ ヘルシンキ大学図書館 ●

240 ｜ ガラス宮 ─

273 ｜ フィンランド国立図書館 ─

241 ｜ アモス・レックス美術館

260 ｜ ポルッタニア・ビル ●

242 ｜ カンピ礼拝堂 ●

┌ 266 ｜ ラウタ・タロ

268 ｜ 旧キノパラッティ・ビル

262 ｜ ヘルシンキ市電力公社ビル ●

264 ｜ ストックマンデパート ●

267 ｜ アカデミア書店 ●

Esplanadi
エスプラナーディ

263 ｜ サヴォイ・レストラン ●

270 ｜ リクハルディンカトゥ図書館 ●

265 ｜ ヘルシンキ証券取引所 ─

269 ｜ ユーゲンドゥ・ホール ●

282 ｜ フィンランド・デザインミュージアム ─

Helsinki

●285 | ヴァッリラ図書館

Mäkelänkatu

Itäväylä

●284 | カラサタマの学校とデイケアセンター

Sörnäisten Rantatie

●277 | クルットゥーリ・サウナ

●281 | コルケアサーリ動物園の展望台

Pohjoisranta

●274 | ウスペンスキー寺院
●275 | エンソ・グートツァイト本社ビル
●276 | アッラス・シープール

Kanavakatu

N

0 ━━━━━━━━━━ 1km

©Google

239 ヘルシンキ中央駅
エリエル・サーリネンほか

サーリネンの代表作。1904 年のコンペの時点でナショナルロマンティシズム様式だった設計案に近代的な表現を融合させることで実現された。国産の花崗岩を使用し、石像が施された外観に対し、内部では鉄筋コンクリート架構のシンプルなホールも見られる。

Helsinki Central Station/Eliel Saarinen
1914, etc./Kaivokatu 1, Helsinki

240 ガラス宮
ニーロ・コッコ、ヴィルヨ・レヴェルほか

ヘルシンキ中央駅前に建つフィンランド機能主義建築の重要作の 1 つ。映画館やレストランなどが入る商業施設だったが、1998 年にメディアセンターに改築され、さらに 2016 年にはアモス・レックス美術館が地下に増設された。

Glass Palace (Lasipalatsi) /Niilo Kokko・
Viljo Revell 1936, Pia Ilonen・Minna
Lukander 1998R, etc./Mannerheimintie
22-24, Helsinki

アモス・レックス美術館　241
JKMM 建築事務所

ガラス宮およびラシパラツィ広場の地下につくられた美術館。広場には大小 5 つの山形の突起物が配され、それぞれにくり抜かれた丸窓が美術館のスカイライトの役割を果たす。地下には約 2200 ㎡ に及ぶ無柱の展示スペースが広がる。

Amos Rex Museum/JKMM Architects
2018/Mannerheimintie 22-24, Helsinki

カンピ礼拝堂　242
KS2 建築事務所

ラシパラツィ広場で個性的な外観が存在感を放つ礼拝堂。卵形をした堂内では、積層された集成材の壁面にトップライトからの自然光が伝い落ちる。忙しい街なかにありながら祈りを捧げることのできる場が提供されており、「静寂の礼拝堂」とも呼ばれている。

Kamppi Chapel/K2S Architects 2012/
Simonkatu 7, Helsinki

243 国立現代美術館"キアズマ"
スティーブン・ホール

緩やかなカーブと素材の扱い方が特徴的な外観を持つ美術館。中央のアトリウムの周囲に湾曲した4つのギャラリーが重なり合うように配される。各ギャラリーでは光の採り込み方に工夫が見られ、移動とともに変化する光と空間のシークエンスを体験できる。

Museum of Contemporary Art "Kiasma"/
Steven Holl 1998/Mannerheiminaukio 2,
Helsinki

244 ヘルシンキ・ミュージックセンター
LPR建築事務所

フィンランディア・ホール(250)とキアズマの間に建つ複合文化施設。5つのホールに加え、図書館、小規模な展示室などが併設されている。外壁には人工緑青銅板とガラスが用いられ、大きなガラス面から自然光が降り注ぐのびやかな空間が各所で展開する。

Helsinki Music Centre/LPR Architects
2011/Mannerheimintie 13a, Helsinki

ヘルシンキ中央図書館 245
"オオディ"
ALA建築事務所

有機的にうねる外観が目を引く図書館。1階は通り抜けもできるオープンな空間で、2階にはワークスペース等のサービス空間が配される。床にレベル差を設けることで様々な場がつくられた3階の閲覧室では、曲面天井が頭上を覆う。

Helsinki Central Library "OODI"/ALA
Architects 2018/Töölönlahdenkatu 4,
Helsinki

国会議事堂別館 246
ヘリン&コー建築事務所

市内中心部の三角形状の敷地に建つ国会議事堂の別館。煉瓦で覆われた三角形のボリュームに、ダブルスキンの曲面ガラスで形づくられた扇形のボリュームが接続され、その間にガラス屋根のアトリウムが配される。本館（249）とは長さ90mの地下通路で結ばれている。

Finnish Parliament Annex/Helin & Co
Architects 2004/Arkadiankatu 3, Helsinki

サノマハウス 247
ヤン・ソーデルルンドゥほか

総ガラス張りの建築としては北欧で初期の事例に数えられる新聞社の本社ビル。ダブルスキンのガラス越しに豊潤な光が射し込む9層吹抜けのアトリウムでは、ガラスの支持金物などのディテールがハイテクな印象を生み出している。

Sanomatalo/Jan Söderlund・Autti-Matti
Siikala 1999/Töölönlahdenkatu 2, Helsinki

248 フィンランド国立博物館
エリエル・サーリネンほか

赤い花崗岩を纏い、フィンランドの中世の教会や城塞等の表現が採り込まれたナショナルロマンティシズム様式の建築。エントランスホールの天井では、民族叙事詩カレワラをテーマにしたアクセリ・ガレン＝カッレラによるフレスコ画を見ることができる。

National Museum of Finland/Eliel Saarinen
etc. 1910/Mannerheimintie 34, Helsinki

249 国会議事堂
ヨハン・シグフリッド・シレン

マンネルハイム通りに面して建つ風格ある古典主義様式の国会議事堂。コリント式の14本の列柱が、赤みを帯びた花崗岩で覆われたファサードを飾る。内部は、家具や照明、ドアや手すりに至るまでトータルにデザインされている。

Parliament House/Johann Sigfried Siren
1931/Mannerheimintie 30, Helsinki

250 フィンランディア・ホール
アルヴァ・アアルト

アアルトが1961年に提案したヘルシンキ都市センター計画から実現された唯一の建物で、フィンランドを代表する建築の1つ。水平性が強調された白大理石のファサードに、非対称の扇形平面をした大ホールのボリュームが突出する。1975年には南側に会議棟が増築された。

Finlandia Hall/Alvar Aalto 1971・1975E/
Mannerheimintie 13e, Helsinki

フィンランド国立オペラハウス 251
ハイヴァマキ・カルフネン・パルッキネン建築事務所

交差点の角地に建つ白いオペラハウス。グリッドが強調された矩形建物の中央に、フライタワーが突出する。3カ所に配された四分円断面のガラスヴォールトが、建物の外観を特徴づけつつ内部に豊かな光をもたらしている。

Finnish National Opera and Ballet/
Hyvämäki-Karhunen-Parkkinen Archi-
tects 1993/Helsinginkatu 58, Helsinki

ヘルシンキ・オリンピックスタジアム 252
トイヴォ・ヤンッティほか

1940年の夏季オリンピックに備えて建設されたフィンランド最大のスタジアム（戦争によりオリンピックは1952年に延期）。国内の機能主義建築の頂点と位置づけられており、高さ75mの塔からは街の全景を一望できる。

Helsinki Olympic Stadium/Toivo Jäntti・
Yrjö Lindegren 1938, etc./Paavo Nurmentie
1, Helsinki

トーロ図書館 253
アールネ・エルヴィほか

モダニズム建築の明快さが感じられる美しい図書館。エルヴィが得意とするトップライトや階段が効果的に盛り込まれ、カーブを描く外壁とテラスが公園に溶け込み、豊かな空間が生み出されている。2017年には改修工事が行われた。

Töölö Library/Aarne Ervi 1970, Mustonen
Architects 2017R/Topeliuksenkatu 6,
Helsinki

トーロ教会 254
ヒルディング・エーケルンドゥ

中心市街地の斜面に建つ古典主義様式の教会。2階に礼拝堂、その左右に結婚式用と洗礼式用の2つのチャペルが配され、その分岐点に設置されたホールから見える各室の光のバランスが絶妙にデザインされており興味深い。

Töölö Church/Hilding Ekelund 1930/
Topeliuksenkatu 4, Helsinki

255 国民年金会館本館
アルヴァ・アアルト

アアルトがヘルシンキで手がけた最初の公共建築。煉瓦タイルによる控えめな外観に対して、鋸形のクリスタル・スカイライトを持つ大ホール、多数の円筒形スカイライトが設置された図書室など、照明や家具とともに質の高い内部空間が展開する。

Social Insurance Institution Main Building/ Alvar Aalto 1957/Nordenskiöldinkatu 12, Helsinki

256 文化の家
アルヴァ・アアルト

フィンランド共産党の本部の建物。赤煉瓦を纏う扇形平面のホール棟とガラスのカーテンウォールに包まれた矩形平面の事務室棟という2つの異なるボリュームが、キャノピーで視覚的に統合されている。外観を特徴づけているホール内部には圧巻の空間が広がる。

House of Culture/Alvar Aalto 1958/ Sturenkatu 4, Helsinki

カッリオ教会 257
ラルス・ソンク

灰色の花崗岩が用いられたナショナルロマンティシズム様式の教会。市の中心部で最も高い丘の頂上に建ち、建物の最高点は94mに達する。礼拝堂は音楽演奏会の会場としても利用されている。

Kallio Church/Lars Sonck 1912/Itäinen Papinkatu 2, Helsinki

ヘルシンキ市立劇場 258
ティモ・ペンッティラ

ハカニエミ地区の入り江の畔に広がる公園内に建つ劇場。プロセニアム形式の大ホールとフレキシブルに使える小ホールを擁する。公園に開かれた大ガラス面とサッシが織りなす光と影が美しいホワイエを経由して、各劇場へとアプローチする。

Helsinki City Theatre/Timo Penttilä 1967/ Ensilinja 2, Helsinki

ヘルシンキ大学図書館 259
アンティネン・オイヴァ建築事務所

市中心部に建つフィンランド最大の大学図書館。煉瓦で覆われたファサードが周辺環境に調和しており、格子状の小窓と逆アーチ形の開口部が独特の表情を付加している。内部中央では、楕円形のダイナミックな吹抜けが各層を貫く。

Helsinki University Main Library/Anttinen Oiva Architects 2012/Fabianinkatu 30, Helsinki

260 ポルッタニア・ビル
アールネ・エルヴィ

市内に点在するヘルシンキ大学の１つ。柔らかい拡散光に満ちたガラスブロックの空間に浮かぶ階段が美しい。階段教室に配されたトップライト群は、現在は塞がれているものの、外観からかつての姿を偲ぶことができる。

Porthania Building/Aarne Ervi 1957/
Yliopistonkatu 3, Helsinki

261 テンペリアウキオ教会
ティモ＆トゥオモ・スオマライネン

「岩の教会」として知られる教会。花崗岩の岩盤をくり抜いた半地下の円形の空間に、直径 24 m の銅製の円盤天井が被さり、その周囲を巡るコンクリート製リブとガラスによる環状のトップライトから光が射し込む。音響もよく、室内楽コンサートなども行われる。

Temppeliaukio Church/Timo & Tuomo
Suomalainen 1969/Lutherinkatu 3,
Helsinki

262 ヘルシンキ市電力公社ビル
アルヴァ・アアルト

不整形の敷地内で既存建物と新築部分の融合が試みられた建物。１階の受付ホールには、鋭い山形のスカイライトが６つ並置され、潤沢な自然光が降り注ぐ。外壁やタイルの扱いにもアアルトらしさがうかがえる。

Administration Building for Helsinki City
Electric Power Company/Alvar Aalto
1975/Kampikuja 2, Helsinki

サヴォイ・レストラン 263
アルヴァ・アアルト

アアルトが内装デザインを手がけたレストラン。アームチェア、天井照明のカバーなどが木製で統一され、全体としてエレガントな雰囲気が演出されている。店内では、同時期にデザインされた「ゴールデンベル」や「アアルトベース」も使用されている。

Savoy Restaurant/Alvar Aalto 1937/
Eteläesplanadi 14, Helsinki

ストックマンデパート 264
シーフルド・フロステルスほか

フィンランドを代表する老舗百貨店。当時としては先駆的だった吹抜けを中心とする構成は、同時代の銀行建築などにも展開された。垂直性が強調された煉瓦造りのファサードと店名のロゴも印象的。1989年には拡張工事が実施された。

Stockmann Department Store/Sigurd
Frosterus 1930, Kristian Gullichsen etc.
1989E/Aleksanterinkatu 52B, Helsinki

ヘルシンキ証券取引所 265
ラルス・ソンク

花崗岩による風格あるファサードを持つ証券取引所。乳白色のガラスを透過した柔らかな光が降り注ぐ吹抜けの大ホールでは、スチールや煉瓦などの異なる素材を用いつつ、階段やバルコニーといった諸要素を混在させることでユニークな空間が生み出されている。

Helsinki Stock Exchange/Lars Sonck
1911/Fabianinkatu 14, Helsinki

266 ラウタ・タロ
アルヴァ・アアルト

「鉄の家」と名づけられた鉄鋼業者組合の会館。エントランスから階段を上がった先には、40個の円筒スカイライトに覆われた3層吹抜けのホールが広がる。柔らかな光に満たされた空間には、アアルトがデザインした水盤から水音が響く。

Rautatalo/Alvar Aalto 1955/Keskuskatu 3a, Helsinki

267 アカデミア書店
アルヴァ・アアルト

ファサードのプロポーションが美しい書店。4層吹抜けのホールには、3つのクリスタル・スカイライトが配され、輝きを放ちながらホールを優しく照らす。2階のカフェでは、アアルトがデザインした照明器具「ゴールデンベル」を見ることができる。

Academic Bookstore/Alvar Aalto 1969/ Pohjoisesplanadi 39, Helsinki

旧キノパラッテイ・ビル 268
エリエル・サーリネン

サーリネンが1921年に設計したビル。両隣にはアアルト設計のビルが建ち並ぶ。連続する丸みを帯びた縦長のアーチが赤煉瓦張りのファサードを特徴づけており、1階・2階に入居するアルテックストアでは三連の小窓や階段などのオリジナルのデザインを確認できる。

Former Kino Palatsi Building/Eliel
Saarinen 1921/Keskuskatu 1B, Helsinki

ユーゲンドゥ・ホール 269
ラルス・ソンクほか

かつて銀行として使われていたアールヌーボー様式の建物。現在はカフェとして使用されているトンネル状のメインホールには、ガラス天井から穏やかな光が落ちる。随所に施された装飾やフレスコ画に銀行建築の名残が感じられる。

Jugend Hall/Lars Sonck 1904, Aarno
Ruusuvuori 1968R/Pohjoisesplanadi 19,
Helsinki

リクハルディンカトゥ図書館 270
カール・テオドル・ホイイェル

1986年までヘルシンキの中央図書館として機能していた国内最古の図書館。建物中央部を貫く5層吹抜けのホールでは、トップライトから柔らかな光が降り注ぎ、ダイナミックに上昇する優美な螺旋階段が各階をつなぐ。

Rikhardinkatu Library/Carl Theodor Höijer
1881/Rikhardinkatu 3, Helsinki

ヘルシンキ大学博物館 271
アルッペアヌム
カール・アルベルト・エーデフェルト

ヘルシンキ大聖堂の東に建つ大学博物館。エントランスの奥、光あふれる階段室では、蹴込みに星状の孔が開けられた階段が上階へと続く。鋳鉄の手すりやアーチ、街灯のような照明が、格調高い雰囲気を醸し出している。

Helsinki University Museum Arppeanum/
Carl Albert Edelfelt 1869/Snellmaninkatu
3, Helsinki

272 ヘルシンキ大聖堂
カール・ルードヴィグ・エンゲル

ヘルシンキの都市計画の責任者として招かれたドイツ人建築家エンゲルが手がけた教会。文化施設や行政施設が取り囲む元老院広場から大階段で結ばれる高台に建ち、街の至るところから白く輝く堂々とした姿を望むことができる。

Helsinki Cathedral/Carl Ludvig Engel
1852/Unioninkatu 29, Helsinki

273 フィンランド国立図書館
カール・ルードヴィグ・エンゲル、グスタフ・ニュストロム

ヘルシンキ大聖堂の隣に建つ同設計者による図書館。中央ホールの頂部では自然光に照らされたドームが光輝く。ホールの左右にはヴォールト天井が架かる3層吹抜けの閲覧室が配され、増築部では楕円の吹抜けを中心に書架が放射状に並ぶ。

National Library of Finland/Carl Ludvig
Engel 1845, Gustaf Nyström 1906E/
Unioninkatu 36, Helsinki

ウスペンスキー寺院 274
アレクセイ・M・ゴルノスターエフ

黄金色に輝くクーポラが美しい
北欧最大規模を誇るロシア正教
の寺院。赤煉瓦の外観とは対
照的に、内部では金が多用され、
豪華な祭壇やドーム天井などが
優美な雰囲気を醸し出している。

Uspenskin Cathedral/Alexei M.
Gornostaev 1868/Kanavakatu 1, Helsinki

エンソ・グートツァイト本社ビル 275
アルヴァ・アアルト

ヘルシンキ港に面して建つ製紙
会社の本社ビル。背後のウスペ
ンスキー寺院と対比をなす白大
理石のファサードでは、周囲の
建物との調和に配慮しながらス
ケールやプロポーションが決定さ
れた。夕陽を受けて白く輝く姿
は、港のアクセントにもなっている。

Enso-Gutzeit Co. Headquarters/Alvar
Aalto 1962/Katajanokanlaituri 1, Helsinki

アッラス・シープール 276
フッツネン・リパスティ建築事務所

ヘルシンキ港につくられたプー
ルとサウナを主とする複合施設。
海上に浮かぶ広大な木製デッキ
に、海水のプールと淡水の温水
プールが配される。個室サウナ
もある観覧車や屋上テラスから
はヘルシンキ大聖堂や港の景色
を一望できる。

Allas Sea Pool/Huttunen-Lipasti Architects
2016/Katajanokanlaituri 2a, Helsinki

277 クルットゥーリ・サウナ
トゥオマス・トイヴォネン、ネネ・ツボイ

近年、都市の活性化に貢献する役割が注目されつつある公共サウナ。その先駆けとなったハカニエミ二港に建つサウナで、木造の現代的なデザインの中に古典的な雰囲気も感じられる。サウナ上がりには裏手の海に面するテラスで体を冷ますこともできる。

Kulttuurisauna/Tuomas Toivonen・Nene Tsuboi 2013/Hakaniemenranta 17, Helsinki

278 ロウリュ・サウナ
アヴァント建築事務所

ヘルシンキ南部の海辺に建つ公共サウナ。鉄骨と木が併用された構造により、独特のフォルムが生み出されている。木製のルーバーが内部と外部の緩やかな関係をもたらしており、階段状の屋根は海を眺める場にもなっている。

Loyly Sauna/Avanto Architects 2016/ Hernesaarenranta 4, Helsinki

ロンナ・サウナ 279
OOPEAA

ヘルシンキ市内の群島の1つ、ロンナ島に建てられた公共サウナ。亜鉛板の彫刻的な傾斜屋根が架けられた丸太造りのサウナは、薪ストーブも備えており、伝統的なフィンランドのサウナに感じられる穏やかで神聖な感覚が現代的な建築の形で再現されている。

Lonna Sauna/OOPEAA 2017/Lonnan Saari, Helsinki

スオメンリンナの要塞 280

市内の6つの島に建てられた海防要塞。1748年に築造が開始され、1854年築の教会のほか、砲台、ザンデル砦、王の門、軍事および海運の歴史を紹介するスオメンリンナ博物館などがある。1991年には世界遺産に登録された。国有地だが約800人の住民がいる。

Suomenlinna/mid 18C/Suomenlinna, Helsinki

コルケアサーリ動物園の展望台 281
アヴァント建築事務所

動物園の高台に建つ高さ10mの木製の展望台。ヘルシンキ工科大学(現アアルト大学)建築学科の学生コンペで選ばれたアイデアをもとに建設されたもので、三次曲面の卵のようなフォルムは樺材を用いた独自の構造方式により形づくられている。

Korkeasaari Zoo Lookout Tower/Avanto Architects 2002/Mustikkamaanpolku 12, Helsinki

282 フィンランド・デザインミュージアム
グスタフ・ニュームストロム

フィンランドを代表するプロダクトデザインや工芸品を展示する美術館。1873 年に設立された歴史ある美術館で、1978 年に現所在地に移転した。グスタフ・ニューストロムがネオゴシック様式で設計し、1895 年に建てられた校舎が転用されている。

Finland Design Museum/Gustaf Nyström
1895, 1978R/Korkeavuorenkatu 23,
Helsinki

283 イッタラ&アラビア・デザインセンター

イッタラ社と同じグループの傘下にある陶器メーカー、アラビア社の工場跡地につくられたデザインセンター。ショップ、アトリエが配されるほか、最上階のミュージアムではフィンランドを代表するガラス・陶器作品がセクション別に展示されている。

Iittala & Arabia Design Centre/2016/
Hämeentie 135 A, Helsinki

284 カラサタマの学校とデイケアセンター
JKMM 建築事務所

校舎そのものが教育ツールという考えのもとに設計された、学校とデイケアセンターの複合施設。内外ともにカラフルな色彩が施され、外壁上部を覆うエキスパンドメタルのスクリーンがリズミカルな印象を強調する。

Kalasatama School and Day Care/JKMM
Architects 2016/Polariksenkatu 1,
Helsinki

ヴァッリラ図書館 285
ユハ・レイヴィスカ

中庭を囲み図書館と託児所が向きあう複合施設。中庭から放射状に広がる図書館では、その形状に合わせて天井が階段状に上昇する。ハイサイドライトからの自然光とランダムに吊られた照明の光が優美な情景を生み出しており、構造材と装飾材の木の扱いも素晴らしい。

Vallila Library and Daycare Centre/Juha
Leviskä 1991/Paijanteentie 5, Helsinki

キュピラ住宅地区 286
マルティ・ヴァリカンガスほか

緑豊かな環境に木造2階建ての住宅が建ち並ぶ地区。イギリスの田園都市とフィンランド建築の伝統が組み合わされたとも言われる。住宅自体は農家のような表現でありつつも、長方形の区画と庭を取り囲む形式を基本として厳密な規格化に基づき計画されている。

Käpylä/Martti Välikangas etc. 1925/
Pohjolankatu, Helsinki

パシラ図書館 287
カールロ・レッパネン

アアルトの事務所でチーフを務めていた建築家が設計した図書館。採光方法、タイル等の素材の扱い、レベル差を活かした構成などにアアルトからの影響がうかがえる。ホールには噴水や街灯が設置されており、外部空間的な雰囲気が盛り込まれている。

Pasila Library/Kaarlo Leppänen 1986/
Kellosilta 9, Helsinki

288 グッド・シェパード教会
ユハ・レイヴィスカ

ヘルシンキ郊外の森に佇む、既存の教会を組み込みながらつくられた教会。礼拝堂正面、祭壇の背後に重なり合いながら林立する壁状の柱がそびえる。柱の隙間からは、アクリルブロックを透過した光や、柱に塗られた淡い色彩で色づけられた光がこぼれ、堂内を優しく照らす。

Church of the Good Shepherd/Juha Leviskä 2004/Palosuontie 1, Helsinki

289 ラーヤサロ教会
カリ・ヤルヴィネンほか

緑青加工の銅板による抑制の効いた外観に対して、内部には木が多用された温かみのある空間が広がる。礼拝堂では、集成材のトラス梁による小屋組が祭壇に向かって高さを増すように架けられ、高窓からの光が天井高の変化をさらに強調している。

Laajasalo Church/Kari Järvinen, Merja Nieminen 2003/Reposalmentie 13, Helsinki

マルミ教会 290
クリスティアン・グリクセン

温かみのある素材と柔らかいフォルム、人間的なスケール感に親密さが感じられる教会。礼拝堂の奥に見える祭壇では、上方および側方のスリットから入る光がグラデーションを描きながら壁面を照らし、十字架を浮かび上がらせる。

Malmi Church/Kristian Gullichsen 1980/
Kunnantie 1, Helsinki

ヴィーッキ教会 291
JKMM 建築事務所

環境共生を目指す学園都市に建つ木造の教会。繊細な木組みで覆われた礼拝堂では、祭壇の壁面に銀箔で葡萄が描かれている。正午近く、壁画と平行に光が射し込むと、祭壇と十字架がシルエットを形づくり、銀箔の葡萄が光で浮かび上がる。

Viikii Church/JKMM Architects 2005/
Agronominkatu 5, Helsinki

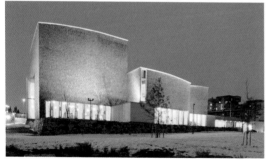

292 イタケスクス・スイミングホール
HKP建築事務所

花崗岩の岩盤の地下につくられた、5つのプールと7つのサウナ、ジムなどを備えるリゾート施設。岩盤の素地を活かした天井には間接照明が施され、幻想的な雰囲気が演出されている。有事の際には3800名を収容できるシェルターとして使用することも想定されている。

Itäkeskus Swimming Hall/Arkkitehti-toimisto HKP 1933/Olavinlinnantie 6, Helsinki

293 ディドリシュセン美術館
ヴィルヨ・レヴェル

クーシサーリ島の閑静な別荘地に建つ、小規模ながらも気品あふれる名建築。中庭を取り囲む平屋の建物で構成され、地下展示室も備える。近代的な素材を用いつつ上質なトータルデザインが施されており、建物外部とも豊かな関係が構築されている。

Didrichsen Art Museum/Viljo Revell 1965/ Kuusilahdenkuja 1, Helsinki

294 セウラサーリ野外博物館

ストックホルムのスカンセン(164)をモデルとして、セウラサーリ島につくられた野外博物館。民家や農家をはじめとしてフィンランド国内の様々な地域で見られる典型的な建物が100棟近く展示され、建築の様式やそこでの暮らしぶりを学ぶことができる。

Seurasaari Open-Air Museum/1909/ Seurasaari, Helsinki

アアルトハウス 295
アルヴァ・アアルト

トゥルクからヘルシンキに活動拠点を移したアアルトが、水辺に程近い高級住宅街に建てたアトリエ兼住宅。外観は白いスタッコ塗りの煉瓦と黒く塗られた木製の羽目板で構成される。西側には2層分の高さを持つアトリエがあり、引き戸でリビングルームにつながる。

Aalto House in Munkkiniemi/Alvar Aalto
1936/Riihitie 20, Helsinki

アアルトスタジオ 296
アルヴァ・アアルト

仕事場でもあった自邸が手狭になり、近くに建てたスタジオ。円弧状のスタジオとドローイング室などが、野外劇場を包囲するようにL字形に配される。異なる素材を用いつつ白に統一されたスタジオでは、ハイサイドライトから射し込む光が内部を優しく照らす。

Alvar Aalto's Studio/Alvar Aalto 1956 ·
1963E/Tiilimäki 20, Helsinki

297 ハメーンキュラ教会
オッリ・ペッカ・ヨケラ

小高い場所に建つ門形のフォルムが印象的な教会。礼拝堂正面には二重壁による間接照明が組み込まれており、その仕掛けが外観に現れている。煉瓦タイルの外壁と白い内壁の隙間に自然光が入り込み、内壁開口部からの間接光によってレリーフが浮かび上がる。

Hämeenkylä Church/Olli Pekka Jokel
1992/Auratie 3, Vantaa

298 聖ローレンス教会
アヴァント建築事務所

墓地内に建つ、大小3つの礼拝室を擁する教会。漆喰で塗られた白い壁面と緑青の屋根・天井のコントラストが美しい。各礼拝室は庭と一対で区分されており、それぞれに独立したアプローチを持つ。庭に面するガラス面では、緑青のメッシュが光を和らげる。

Chapel of St. Lawrence/Avanto Architects
2011/Kirkkotie 45, Vantaa

ミュールマキ教会 299
ユハ・レイヴィスカ

隣接する線路に平行させる形で建てられた教会。天窓と壁面のスリットから自然光が射し込む礼拝堂では、白い壁面に柔らかな陰影が移ろう。正午近くになると直射光のシャワーが一斉に降り注ぎ、美しく劇的な瞬間が訪れる。

Myyrmäki Church/Juha Leiviskä 1984/
Uomatie 1, Vantaa

ファッツェル・ビジターセンター&ミーティングセンター 300
K2S建築事務所

フィンランドを代表する製菓メーカーのビジターセンター。外接する円形の2つの棟で構成される。木製の天井でのびやかに覆われた内部には、緑あふれる円形の光庭が設置され、空間に光と変化がもたらされている。

Fazer Visiter Centre & Meeting Centre/
K2S Architects 2016/Fazerintie 6, Vantaa

301 ガレン＝カッレラ美術館
アクセリ・ガレン＝カッレラ

国民的画家アクセリ・ガレン＝
カッレラがヘルシンキ近郊に建
てたスタジオ兼住宅。大きな切
妻屋根と屹立する塔が印象的な
建物はガレン＝カッレラ自身の設
計によるもので、1961 年以降は
美術館として一般公開されている。

Gallen-Kallela Museum/Akseli Gallen-
Kallela 1913/Gallen-Kallelan Tie 27,
Espoo

302 アアルト大学(旧ヘルシンキ工科大学)
アルヴァ・アアルトほか

アアルトがマスタープランを担当
した旧ヘルシンキ工科大学のキャン
パスは、2010 年にアアルト大
学のキャンパスに再編された。新
キャンパスでは、新たな施設の
整備に加え、アアルトが手がけ
た建物にも改修が施されている。

Aalto University (Former Helsinki Univer-
sity of Technology) /Alvar Aalto etc. 1966-/
Otakaari 1B, Espoo

303 アアルト大学本館
アルヴァ・アアルト

本館建物において一際際立つ外
観の大講堂。扇形の階段状部分
は野外劇場にもなる。一方、そ
の内部は、ダイナミックなリブで
覆われ、ハイサイドライトから射
し込む「オーロラ・ライト」とも呼
ばれる光が、白いリブに反射しな
がら講堂全体を優しく包み込む。

Aalto University Main Building/Alvar Aalto
1966/ Otakaari 1, Espoo

304 アアルト大学図書館
アルヴァ・アアルトほか

キャンパスの南に建つ図書館。1
階は書庫や研究室等の諸室で構
成され、閲覧室は入口ホールか
ら続く階段を上がった 2 階にあ
る。閲覧室上部には鋸屋根状の
スカイライトが配され、穏やか
な光が降り注ぐ。2017 年には学
習センターが地下に増築された。

Aalto University Library/Alvar Aalto 1969,
JKMM Architects・Arkkitehdit NRT 2017E/
Otaniementie 9, Espoo

アアルト大学旧建築学科棟 305
アルヴァ・アアルト

赤煉瓦の校舎が建ち並ぶなか白
大理石でデザインされた唯一の
建物。優美な階段が配され、
中庭との連続性が心地よい１階
ホール、多数の円筒スカイライト
が頭上を覆う図書室など、アア
ルトらしい上質な空間で構成さ
れている。

Former Aalto University Department of
Architecture/Alvar Aalto 1966/Otakaari 1,
Espoo

アアルト大学オタニエミ・ 306
スポーツホール
アルヴァ・アアルト

1952 年のヘルシンキオリンピッ
クのために建てられた陸上競技
の練習用ホール。短辺方向 45 m
という大空間の屋根を支える巨
大な木製梁は、現場で組み立て
吊り上げられた。当初設置され
ていたハイサイドライトは、1970
年の改修時に塞がれている。

Aalto University Otaniemi Sports Hall/
Alvar Aalto 1952/Otaranta 6, Espoo

アアルト大学新館 307
ヴェルスタス建築事務所

2018 年に新設された、複数の学
部や学科の諸室などからなる複
合施設。大規模な建物ながらも
小さなクラスターを配することで、
人が交流できる場が創出されて
いる。アアルト設計の諸施設に
調和するよう、外壁には赤煉瓦
が多用されている。

Aalto University Väre Building/Verstas
Architects 2018/Otaniementie 14, Espoo

ディボリ学生センター 308
ライリ＆レイマ・ピエティラ

学生組合の家として建てられた
建物で、改修を経て現在はアア
ルト大学の施設として使われてい
る。石積みの上にそびえるフリー
フォームの外観が力強い。内部
には敷地の岩盤がむき出しになっ
ている箇所もあり、洞窟の中のよ
うな迫力ある空間が展開する。

Koulutuskeskus Dipoli/Raili & Reima
Pietilä 1966/Otakaari 24, Espoo

309 オタニエミ礼拝堂
カイヤ&ヘイッキ・シレーン

アアルト大学構内の森に佇む礼
拝堂。外部の十字架と背後の森
がガラス越しに堂内と一体的に
設計された空間構成に、建築と
自然を共生させる姿勢が感じら
れる。近代的な素材が用いられ、
屋根を支える木製トラスには洗
練されたディテールを見ることが
できる。

Otaniemi Chapel/Kaija & Heikki Siren
1957/Jämeräntaival 8, Espoo

310 タピオラ教会
アールノ・ルースヴオリ

ルースヴオリの代表作に数えら
れる教会。入口からの日印にも
なっている小チャペルが、大礼
拝堂へのシークエンスを演出して
いる。大礼拝堂には、背後に設
置された格子状のルーバーによ
り拡散された穏やかな光が射し
込む。

Tapiola Parish Church/Aarno Ruusuvuori
1965/Kirkkopolku 6, Espoo

311 タピオラ田園都市
アールネ・エルヴィほか

エベネザー・ハワードが提唱し
た田園都市論の考え方に影響を
受けて建設された計画都市。全
体の約半分を緑地とオープンス
ペースが占めており、緑豊かな
住環境が実現されている。アー
ルネ・エルヴィ、ヴィルヨ・レヴェ
ルらが手がけた名建築も数多く
残る。

Tapiola Garden City/Aarne Ervi・Viljo
Revell etc. 1950s/Tapiola, Espoo

ヴィージーハウス 312
アールノ・ルースヴオリほか

複数の美術館・博物館が入る国内最大級の文化施設。8本のタワーから26m角の屋根を吊ることで大空間を確保したルースヴオリ設計の印刷所が、コンバージョンされている。屋外ではマッティ・スーロネン作の住宅「フトゥロ」(1968年)も見られる。

WeeGee House/Aarno Ruusuvuori 1964・1967E, Airas Arkkitehdit Ky 2006R/ Ahertajantie 5, Espoo

オラリ教会 313
キャプ&シモ・パーヴィライネン

幹線道路側の喧噪に対して閉じるように建物が配された分棟形式の教会。赤煉瓦の外観に対して白を基調とする礼拝堂では、蛇行しながら連続する縦スリットからの光が視線を祭壇へと誘導し、構造体のズレが空間と光に効果的な変化を与えている。

Olari Church and Parish Centre/Käpy & Simo Paavilainen 1981/Olarinluoma 4, Espoo

イソ・オメナ図書館 314
マウリ・トンミラ

緩やかなカーブを描くガラス屋根が特徴的なショッピングモール内にある図書館。市民窓口や健康相談センターなどの多様な機能も集約され、地域住民にも重宝されており、複合サービス施設としての役割も果たしている。

Iso Omena Service Centre/Mauri Tommila 2001/Piispansilta 11, Espoo

315 スヴェラ礼拝堂
OOPEAA

音楽会などの地域活動の拠点に
もなっている教会。独特の形を
したボリュームが中庭を囲みなが
らダイナミックに連続する。木・
コンクリート・鉄の混構造による
建物を覆う銅板張りの外壁が鈍
い光を放つ。対して、小割の木
材で覆われた堂内には温かみが
感じられる。

Suvela Chapel/OOPEAA 2012/Kirstintie
24, Espoo

316 カウニアイネンの教会
クリスティアン・グリクセン

敷地の高低差がうまく活用され
た教会。エントランスには、外
部にいるかのような空間が広が
る。礼拝堂では各所に設けられ
た天窓からの光が空間に変化と
豊かさをもたらすとともに、天窓
のガラスボックスが外観を特徴
づける要素にもなっている。

Kauniainen Church/Kristian Gullichsen
1983/Kavallintie 3, Kauniainen (near
Espoo)

ヴィトレスク 317
エリエル・サーリネンほか

湖畔に建つ3人の建築家グループのスタジオ兼住宅。中庭を取り囲む3棟からなり、ナショナルロマンティシズム様式の建物にはフィンランド特有の森と湖の生活が感じられる。1916年以降はサーリネンの私邸となり、現在はミュージアムとして公開されている。

Hvitträsk/Eliel Saarinen・Herman Gesellius・Armas Lindgren 1903/Hvittrskintie 166, Kirkkonummi

キルッコヌンミの図書館 318
JKMM建築事務所

1980年代に建設された旧図書館を増改築し、生まれ変わらせた新図書館。容積を2倍に増やし、展示エリアやイベントスペースなど様々な新機能が導入された。建物のコンクリート面に対照的な仕上げとして、照明や手すりに真鍮、外装に銅板が採用されている。

Kirkkonummi Library/JKMM Architects 2020E/Kirkkotori 1, Kirkkonummi

フィスカルス・ヴィレッジ 319

ハサミの製造メーカーであるフィスカルス社の創業地として製鉄業で栄えるも、同社が工場をアメリカへ移転したことで廃村に追い込まれたフィスカルス村。1990年頃からその跡地にアーティストが移り住み、かつての建物をアトリエやギャラリー、ショップへとよみがえらせており、現在はアートヴィレッジとして生まれ変わっている。

Fiskars Village/1990s/Peltorivi 1, Fiskars

320 ポルヴォーの旧市街

ヘルシンキから東に約50kmのところに位置する街。三角屋根の大聖堂がそびえる丘の麓に、中世の面影を残すパステルカラーの木造建築が建ち並ぶ石畳の旧市街が広がる。川岸に軒を連ねる赤い木造の倉庫群は街のシンボルにもなっている。

Old Porvoo/14-18C/Porvoo

321 ラハティ市庁舎
エリエル・サーリネン

丘の上に建つ風格ある赤煉瓦造りの市庁舎。坂道を挟んで向かいの丘にはアアルトのラハティ教会が対峙する。随所に見られるオリジナルデザインの装飾が華やかさを演出し、色ガラス越しの光にあふれた階段室など、細やかで気品のある設計が各所に施されている。

Lahti Town Hall/Eliel Saarinen 1912/
Harjukatu 31, Lahti

322 ラハティの教会
アルヴァ・アアルト

アアルト没後に竣工した教会。正面の壁面には正方形の小窓を組み合わせて十字架がかたどられており、内部の階段室に光の粒を落とす。祭壇を要として扇形状に広がる礼拝堂では、側壁のハイサイドライトから豊潤な光が降り注ぐ。

Lahti Church/Alvar Aalto 1979/Kirkkokatu
4, Lahti

シベリウス・ホール 323
キンモ・リントゥラほか

煉瓦造りの木工工場の外壁を活用しつつ、ガラスのカーテンウォールを用いた新棟と融合された現代的な木造建築。フォレストホールと呼ばれるホワイエには、天井の立体トラスを松材の丸柱が支える心地よい空間が広がる。ホールの音響の良さにも定評がある。

Siberius Hall/Kimmo Lintula・Hannu Tikka 2000E/Ankkurikatu 7, Lahti

ハルユ葬儀礼拝堂 324
マルティ・ヴァリカンガス、ユハ・レイヴィスカ

初期機能主義様式の建物に対して、1998年にレイヴィスカが増改築設計を行った礼拝堂。円弧壁を背後に持つ祭壇部分に追加された側窓から射し込む光が白いリネンのタペストリーを輝かせ、最低限の操作で優美な光の空間が現出されている。

Harju Funeral Chapel/Martti Välikangas 1936, Juha Leiviskä 1998E/Saattotie 7, Mikkeli

325 ヤルヴェンパーの教会
エルッキ・エロマー

キューブを重ね合わせた立体構成、光の扱いが秀逸なコンクリート打ち放しの教会。礼拝堂では、力強い構造材の隙間を縫うように光が入り込む。ベンチと祭壇正面には松材が使用され、無機質なコンクリートの空間に温もりを付加している。

Järvenpää Parish Church/Erkki Elomaa
1967/Kirkkotie 4, Järvenpää

326 コッコネン邸
アルヴァ・アアルト

アアルトの知人だった作曲家ヨーナス・コッコネンの住宅。3つのブロックが扇形に配され、サウナ小屋も別棟で併設されている。音響向上のためにスタジオに吊られた布、居間に設置されたフリーフォームの暖炉など、インテリアにもアアルトらしさが垣間見える。

Villa Kokkonen/Alvar Aalto1969/
Tuulimyllyntie 5, Järvenpää

327 アイノラ
ラルス・ソンク

トゥースラ湖東岸の眺めの良い場所に建つ作曲家ジャン・シベリウスの自邸。「アイノの居場所」と名づけられた住宅で、庭とサウナは妻のアイノが設計を手がけた。1974年からは博物館として一般公開されており、偉大な作曲家の暮らしぶりを偲ぶことができる。

Ainola/Lars Sonck 1904/Ainolankatu,
Järvenpää

クラウッカラの教会 328
ラッシラ・ヒルヴィランミ建築事務所、アンッシ・ラッシラ

メタリックなボックス状の外観が異彩を放つ教会。礼拝堂は可動間仕切りにより三分割することが可能で、壁と天井の隙間から伝い落ちる光が空間の輪郭を際立たせる。照明器具やタペストリーなども空間に合わせてトータルにデザインされている。

Klaukkala Church/Lassila Hirvilammi Architects · Anssi Lassila 2004/Ylitilantie 6, Klaukkala

フヴィンカーの教会 329
アールノ・ルースヴオリ

遠方からも目に留まる山形の力強い外観を持つ教会。天井の低い前室から広大な礼拝堂へのアプローチが劇的で、ずらされた大小2つのピラミッドで形づくられた礼拝堂では、上部の開口部から射し込む光が時とともに移動しながら堂内をダイナミックに照らす。

Hyvinkää Church/Aarno Ruusuvuori 1961/Hämeenkatu 16, Hyvinkää

330 フィンランド・ガラスミュージアム
タピオ・ヴィルカラ

フィンランド国内のガラス作品とその歴史を辿ることができる国立のミュージアム。1910年に設立され1990年に廃業した老舗ガラスメーカー、リーヒマキ社の工場を改修した建物には、外観・館内ともにオリジナルの雰囲気をできるかぎり残したデザインが施されている。

Finnish Glass Museum/Tapio Wirkkala
1981R/Tehtaankatu 23, Riihimäki

331 ハメ城

ハメーンリンナの街のシンボルである赤煉瓦造りの城塞。1260年頃に北方十字軍により建設された木造の城壁がはじまりとされ、刑務所としても使用された歴史を有する。現在、主要部は一般公開されており、隣接する都市公園とも連結されている。

Häme Castle/13C/Kustaa III:n katu 6,
Hämeenlinna

332 デザインミュージアム・イッタラ

フィンランドを代表するガラスメーカー、イッタラ社の設立90周年を記念して工場の近くに新設されたミュージアム。納屋を改修した館内には、アルヴァ・アアルト、カイ・フランクらの作品が展示されており、フィンランドのガラスデザインの歴史を巡ることができる。

Design Museum Iittala/1971/
Könnölänmäentie 2, Iittala

ハットゥラの聖十字架教会　333

大きな三角屋根が目を引く煉瓦造りの教会。1510年代に描かれた風合いのある装飾壁画がかすかな光を受けて浮かび上がり、背後から光を受けて宙に浮く十字架が厳粛な雰囲気を高める。周囲には墓地が広がり、19世紀に建てられた鐘楼と司祭館が隣接する。

Hattula Church of the Holy Cross/14C/
Vanhankirkontie 41, Parola, Hattula

フォルッサ・スイミングバス　334
ヘリン&コー建築事務所

上部を白い格天井で覆われた大空間に、大小様々なプールや浴槽が巧みにずらされながら配置された温浴施設。トップライトやガラスブロックの壁面から潤沢な自然光が導かれ、プール床面の青色と調和した心地よい空間が生み出されている。

Forssa Swimming Baths/Helin & Co
Architects 1993/Eteläinen Puistokatu 2,
Forssa

335 カレヴァ教会
ライリ＆レイマ・ピエティラ

ピエティラ夫妻の代表作に数えられる教会。高さ30mに及ぶ垂直性の強い堂内では、有機的なカーブを描き屹立する曲面壁の隙間から光が射し込み、刻一刻と移ろう。当初コンクリート打ち放しを予定していた外壁は、設計途中でタイル仕上げに変更された。

Kaleva Church/Raili & Reima Pietilä 1966/
Liisanpuisto 1, Tampere

336 タンペレ市立図書館
ライリ＆レイマ・ピエティラ

ピエティラ夫妻がコンペを経て実現させた3階建ての大規模な図書館。いくつかの円を組み合わせたような有機的なプランをしており、シェル構造が用いられている。白と青を基調とした内部では、構造体を露出させることで独特の生物的な雰囲気を漂わせている。

Tampere City Library/Raili & Reima Pietilä
1986/Pirkankatu 2, Tampere

タンペレ大聖堂 337
ラルス・ソンク

ソンクの最高傑作とも言われる
ナショナルロマンティズム様式
の教会。大小2つの塔が並ぶ非
対称の外観を持ち、内部空間を
覆う迫力あるリブヴォールト、美
しい天井のフレスコ画、祭壇画、
ステンドグラスなど見所も多い。

Tampere Cathedral/Lars Sonck 1907/
Tuomiokirkonkatu, Tampere

ピルッカラの教会 338
キャプ＆シモ・パーヴィライネン

礼拝施設と幼児保育施設が併設
された複合建築。白い礼拝堂で
はガラスの天窓と側窓が各所に
配され、立体的に明るさが確保
されている。細いサッシの影が、
時とともに変化しながら堂内の壁
面や梁に映り込む様子も美しい。

Pirkkala Church/Käpy & Simo Paavilainen
1994/Perkiöntie 40, Pirkkala

339 ゴスタ・セルラキウス美術館
MX_SI

国際コンペで選ばれたスペイン
の設計事務所による木造の美術
館。集成材の柱梁で形づくられ
た巨大なボリュームに対して、各
所に設置された開口部が効果的
に光を採り入れながら空間を分
節し、等間隔に配された柱が空
間に光と影のリズムをもたらして
いる。

Gösta Serlachius Museum/MX_SI 2014/
Joenniementie 47, Mänttä-Vilppula

340 ヴァティアラ礼拝堂
ヴィルヨ・レヴェル

松林の中、急峻な放物線を描く
大礼拝堂の屋根が存在感を放つ
礼拝堂。2 つの水盤に挟まれた
大礼拝堂では、水面に反射した
光が急カーブを描く天井面を優
しく照らす。一方、小礼拝堂では、
天井と壁の隙間から入り込む光
が天井を軽やかに見せている。

Vatiala Funerary Chapel/Viljo Revell 1960/
Kappelinkierto 3, Kangasala

聖オラフ教会　341
ウッラ・ラホラ

ラウタヴェーシ湖の畔に建つ石造の教会。1997年に火事で焼失した教会が、建築家による改修設計、伝統的な工具を用いた5名の職人の手仕事を経て再建された。内部には白木のトウヒと松が使用され、温かみのある素朴な空間が再現されている。

St. Olaf's Church/1516, Ulla Rahola
2003R/Tyrvää, Kallialan kirkkotie 50,
Sastamala

アウレヤルヴィの木造教会　342
オイヴァ・カッリオ

フィンランドで独自に生み出されたと言われる「箱柱」の構法が用いられた木造教会。木材を組み合わせた箱型の柱がつなぎ梁で結ばれ、その上部にクローバー形のドーム天井が載る。ドームに映り込むつなぎ梁の陰影、白い梁に施された装飾が美しい。

Aurejärvi Wooden Church/Oiva Kallio
1924/Itä-Aureentie 1020, Itä-Aure,
Ylöjärvi

343 ユヴァスキュラ大学
アルヴァ・アアルト

コンペを勝ちとったアアルトがキャンパス計画を作成し、本館、図書館、食堂、学生寮、体育館、プール棟、学生会館、体育学部棟と教職員用施設などを設計した大学。赤煉瓦壁を基調とする建物が点在するキャンパスにはのどかで温かみのある雰囲気が漂う。

Jyväskylä University/Alvar Aalto 1951-
1975/Seminaarinkatu 15, Jyväskylä

344 ユヴァスキュラ大学本館
アルヴァ・アアルト

約 700 名を収容できる大講堂を擁する本館。遮音性の高い可動間仕切り壁によって分割可能な講堂では、ランダムに浮遊する照明器具が空間を魅力的なものにしている。連続する天窓の下に直線階段がのびる階段ホールにもアアルトらしさが感じられる。

Jyväskylä University Main Building/Alvar
Aalto 1959/Päärakennus, Jyväskylä

345 ユヴァスキュラ大学学生食堂
アルヴァ・アアルト

2 階に学生食堂、I 階に学生自治会のオフィスとクラブルームが配された建物。赤い煉瓦壁と木製サッシの組み合わせに親しみが感じられる。南向きのハイサイドライトから採光される食堂では、片流れの屋根を支える特徴的な木製トラスが頭上を覆う。

Jyväskylä University Student Cafeteria/
Alvar Aalto 1953/Keskussairaalantie 2,
Jyväskylä

ユヴァスキュラ大学図書館 346
アルヴァ・アアルト

周囲の赤煉瓦の建物に埋もれるかのように設置された地下図書館。地上にはスカイライトの円筒が飛び出す。閲覧室の中央部には山形のクリスタル・スカイライトが配され、周囲の書架部分ではコの字形に設けられたハイサイドライトからの光が降り注ぐ。

Jyväskylä University Library/Alvar Aalto
1955/Seminaarinkatu 15, Jyväskylä

ユヴァスキュラ大学体育 347
学部棟
アルヴァ・アアルト

赤煉瓦造りの施設が多数を占めるキャンパス内で、白く平滑な幾何学形態が目を引く体育学部棟。外観と同じく内部も白で統一され、建物の中央を通る中廊下や階段ホールには、円筒形のトップライトから光が導かれている。

Jyväskylä University Department of
Athletics/Alvar Aalto 1970/
Keskussairaalantie 4, Jyväskylä

ユヴァスキュラ大学プール 348
増築棟
アルヴァ・アアルト

1975年に増築されたプール棟。一般の人々にも開放されており、大きさや用途の異なるプールが分散配置されている。大きなガラス面を持つプール、円筒形のスカイライトが光輝くロビーなど、全体的に明るい空間が広がる。

Extension of Jyväskylä University Indoor
Swimming Pool/Alvar Aalto 1975/
Pitkäkatu 2, Jyväskylä

349 アルヴァ・アアルト美術館
アルヴァ・アアルト

アアルトの多彩な創作活動を一望できる美術館。アアルト自身が設計した建築空間の中で数々の名作を鑑賞することができる。2階展示室の上部には鋸屋根のスカイライトが連なり、奥にはニューヨーク万国博覧会を彷彿させる「うねる壁」が控える。

Alvar Aalto Museum/Alvar Aalto 1974/
Alvar Aallon Katu 7, Jyväskylä

350 中部フィンランド博物館
アルヴァ・アアルト

アルヴァ・アアルト美術館に隣接して建つ民俗博物館。ハイサイドライトや円形のトップライトにより、効果的に採光しつつ豊かなシークエンスが生み出されている。講義室では、ヴィープリの図書館（396）を思わせる波打つ天井を見ることができる。

Museum of Central Finland/Alvar Aalto
1960/Alvar Aallon Katu 7, Jyväskylä

351 ユヴァスキュラの劇場
アルヴァ・アアルト

アアルトが提案を行った市内中心部の行政・文化センターの開発計画に基づき、没後に実現された劇場。緩やかに傾斜する通り沿い、アアルト設計の警察署と隣り合わせに建つ。どっしりとしたボリュームの上に、なだらかなカーブを描く大劇場のボリュームが突出する。

Jyväskylä City Theatre/Alvar Aalto 1982/
Vapaudenkatu 36, Jyväskylä

352 労働者会館
アルヴァ・アアルト

大学卒業後、故郷のユヴァスキュラに事務所を構えた若きアアルトの代表作。ガラスブロックの半円窓の光に導かれて階段を上がると、劇場入口の円弧状の壁面が姿を現す。古典主義様式が色濃く残る建物ながら、内部には豊かなシークエンスが盛り込まれている。

Workers' Club/Alvar Aalto 1925/Väinönkatu
7, Jyväskylä

ユヴァスキュラ・トラベルセンター 353
ペトリ・ロウヒアイネンほか

水平性が強調された巨大な銅板の大屋根が印象的なユヴァスキュラ駅に接続されたトラベルセンター。3層吹抜けのホールでは時計や照明器具をはじめとして細部に至るまでメカニカルなデザインが施され、背後には大規模な駐車施設も併設されている。

Jyväskylä Travel Centre/Petri Rouhiainen
2002, etc./Hannikaisenkatu 20, Jyväskylä

ユヴァスキュラ湖の水上施設 354

線路を挟み市街地と反対側に広がるユヴァスキュラ湖。夏には湖上にカフェやレストラン、サウナなどが浮かび、水上での様々なアクティビティと美しい湖の風景を堪能できる。一方、冬になるとスケートリンクも出現する。

Various Facilities on Lake Jyväskylä/
Jyväskylä

クオッカラ教会 355
**ラッシラ・ヒルヴィランミ建築事務所、
アンッシ・ラッシラ**

暗色のスレートで覆われた斬新な形状をした教会。外観とは対照的に、堂内には菱形に組まれた木の格子に包み込まれた白い空間が広がる。ギャラリーを挟んで配された礼拝堂と教区ホールは、祭礼時に1つの空間として使用できるつくりになっている。

Kuokkala Church/Lassila Hirvilammi
Architects ·Anssi Lassila 2008/
Syöttäjänkatu 4, Jyväskylä

356 旧サウナッツァロの村役場
アルヴァ・アアルト

針葉樹林の中、1層分持ち上げられた中庭を取り囲む建物にマッシブな議場が突出する。中庭を巡る回廊は光と影のリズムが心地よく、暗い階段を上がった先には闇に包まれた議場が広がる。周辺の町と統合され、現在はカフェや研修施設として利用されている。

Former Säynätsalo Town Hall/Alvar Aalto
1952/Parviaisentie 9, Jyväskylä

357 ムーラッツァロの実験住宅
アルヴァ・アアルト

湖畔に建つアアルト自身のサマーハウス。「実験住宅」とも呼ばれ、種々の煉瓦・タイルが貼られた中庭の壁面、基礎や木架構などに実験の痕跡が見られる。L字形の母屋に囲まれた中庭の中心には炉が切られ、外部の居間とも言える親密な場がつくられている。

Experimental House in Muuratsalo/Alvar
Aalto 1953/Melalammentie 6, Jyväskylä

ムーラメの教会　358
アルヴァ・アアルト

古典主義的表現が見られるアアルト初期の教会。木製のヴォールトが架けられた礼拝堂には半円形の祭壇が控え、東側左手の窓から自然光が導かれる。一方、右手はガラス越しに集会室とつながっており、そこから階段を降りて外部のロッジアに出られるという空間構成も興味深い。

Muurame Church/Alvar Aalto 1929/
Sanantie 7, Muurame

ペタヤヴェシの木造教会　359
ヤーッコ・クレメンティンポイカ・レッパネン

柿葺き屋根が存在感を放つ十字形平面の木造教会。古びた小幅板に覆われた独特のフォルムを持つ堂内には素朴さと温もりが感じられ、面のつなぎ目や梁に施されたペイントが程よい装飾として効いている。1994年に世界遺産に登録された。

Petäjävesi Wooden Church/Jakko
Klementinpoika Leppänen 1764/
Vanhankirkontie 9, Petäjävesi

360 南西フィンランド農業協同組合ビル
アルヴァ・アアルト

コンペで勝利し、アアルトが事務所をトゥルクへと移す契機となったビル。古典主義から機能主義へとスタイルが移行していく転換点に当たる作品で、装飾が排除された外観に機能主義の様相が現れている。当時のアアルトの事務所と自宅もこのビル内にあった。

Lounais-Suomen Maalaistentalo/Alvar Aalto 1928/Humalistonkatu 7b, Turku

361 トゥルンサノマット新聞社
アルヴァ・アアルト

アアルト初期の機能主義様式建築の代表作。拡散光で満たされた階段ホールでは、上階奥へ続く魅力的なシークエンスを体験できる。現存していないが、地下の印刷室には力強いマッシュルーム形のコンクリート柱が林立していた。

Turun Sanomat Building/Alvar Aalto 1930/Kauppiaskatu 5, Turku

362 トゥルク市立美術館
グスタフ・ニューストロムほか

フィンランドで2番目に古い美術館。大通りの軸線上に建つ花崗岩の風格ある建物で、大胆に開けられた最上階のガラス面から自然光が採り込まれる。2005年に展示室と保存庫の拡張工事が行われ、ガラスのボックスに包まれたリフトとカフェが増築された。

Turku Art Museum/Gustaf Nyström 1904, LPR Architects 2005E/Aurakatu 26, Turku

363 トゥルク城

スウェーデンの王宮の1つとして1280年頃に建設が開始されたフィンランドに現存する最古の城。主要部は13世紀から16世紀にかけて建てられ、1614年に一度焼失している。1939年にはエリック・ブリュッグマンにより改修され、博物館と会議場に生まれ変わった。

Turku Catsle/13-16C, Erik Bryggman 1939R/Linnankatu 80, Turku

トゥルク大聖堂 364

アウラ川の南岸にそびえる大聖堂。1300 年に建造され、16 世紀にはゴシック様式の柱を備えた合唱台と教会堂の両側に礼拝堂が追加された。その後、1830年代にはカール・ルードヴィグ・エンゲルによって、帝国様式の祭壇と説教壇、新しい塔も加えられている。

Turku Cathedral/1300, Carl Ludvig Engel 1830sR/Tuomiokirkonkatu 1, Turku

復活礼拝堂 365
エリック・ブリュッグマン

北欧のロマンティシズムがこの上なく美しく表現された礼拝堂。蔦が這う正面壁を色ガラスを透過した光が穏やかに照らす。天井高の低い南側の領域は外部の森へと開かれ、ベンチが祭壇と森に向けて絶妙な角度で斜めに配されている。

Resurrection Chapel/Erik Bryggman 1941/ Hautausmaantie 21, Turku

聖十字架礼拝堂 366
ペッカ・ピトゥカネン

ブリュッグマンの復活礼拝堂に隣接する墓地に佇む、コンクリートによる荒々しい表情と内外が連続する空間構成が特徴的な礼拝堂。主礼拝堂の天井には異なる方向を向いた 2 つの小さな天窓が穿たれ、薄暗い空間にスポットライトのような光が浮かび上がる。

Chapel of the Holy Cross/Pekka Pitkänen 1967/Skarppakullantie 2, Turku

367 聖ヘンリ・エキュメニカル礼拝堂
マッティ・サナクセンアホ

銅板に覆われたユニークな外観を持つ礼拝堂。幅と高さを変えながら連続する松の構造材により独特の形状が生み出されている。奥の祭壇部分のみがアートガラスで囲われており、降り注ぐ光が祭壇への方向を強調する。

St. Henry's Ecumenical Art Chapel/Matti Sanaksenaho 2005/Seiskarinkatu 35, Turku

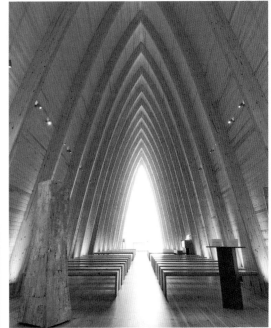

368 トゥルク市立図書館
JKMM建築事務所

旧図書館および知事官邸と接続する形で新設された図書館。街路に沿って建物が配され、レクリエーションの場にもなる中庭を擁する。将来の変更に備えて大きなオープンスペースとして設計された内部は、家具により諸機能が区分されている。

Turku City Library/JKMM Architects 2007/Linnankatu 2, Turku

シベリウス博物館 369
ヴォルデマール・ベックマン

作曲家シベリウスの足跡が展示された博物館。打ち放しコンクリートの展示室は、4本の傘状の柱が支えるホールと、それを取り巻く展示ボックスにより構成される。ハイサイドライトから射し込む光が、構造体の傘によって拡散され、ホール全体に広がる。

Sibelius Museum/Woldemar Baeckman
1968/Piispankatu 17, Turku

トゥルク・アートアカデミー 370
ミッコ・プルキネンほか

アウラ川沿いの倉庫や造船所を改築して設立された芸術大学。美術学校、音楽学校、オフィスなどで構成される。外観にはほぼ手を入れることなく構造を補強する一方、鉄骨・ガラス・コンクリートなどの新たな要素を加えることで豊かな空間が生み出されている。

Turku Art Academy/Mikko Pulkkinen etc.
1995/Linnankatu 54, Turku

フォーラム・マリナム海事 371
センター
LPR建築事務所ほか

古い倉庫群を改修した海事博物館。既存建物の内壁に貫入するようにブリッジが挿入されることで、多様な展示空間を立体的に回遊できるデザインが施されている。別棟の建物には、カフェ、船舶の展示室と講堂が配されている。

The Forum Marinum Maritime Centre/
LPR Architects・Helge Rancken・Valde
Aulanko 1999/Linnankatu 72, Turku

ヴァイノ・アールトネン 372
美術館
マッティ＆イルマ・アールトネン

彫刻家ヴァイノ・アールトネンの作品を展示する美術館。息子夫妻により設計された。白い幾何学的なヴォリュームが中庭を取り囲み、床のレベルが変化しながら続いていく展示室では光あふれるのびやかな空間が展開する。

Wäinö Aaltonen Museum/Matti & Irma
Aaltonen 1967/Itäinen Rantakatu 38, Turku

373 パイミオのサナトリウム
アルヴァ・アアルト

アアルト初期の名作に数えられる結核療養施設。白い幾何学的なボリューム構成と横連窓、機能ごとに棟を分けた構成など機能主義的なデザインが際立っているが、病室や食堂などでは患者に配慮したきめ細かなデザインを随所に見ることができる。

Paimio Sanatorium/Alvar Aalto 1933/Alvar Aallontie 275, Paimio

374 ラウマの旧市街

フィンランド西岸の小さな街ラウマ。幾度の大火を経ながらも歴史ある木造建築が今なお数多く残る旧市街には、狭い路地に色とりどりの建造物が建ち並び、独特の景観が形づくられている。聖十字架教会、旧市庁舎など見所も多く、1991年には世界遺産に登録された。

Old Rauma/15-19C/Rauma

375 ピュハマーの木造教会

墓地に佇む切妻造りの小ぶりな木造教会。赤く塗装された外観とは対照的に、天井と壁面が迫力ある壁画で埋め尽くされた堂内には圧巻の空間が広がる。小窓から射し込む光が壁画を浮かび上がらせ、荘厳な雰囲気をより一層高めている。

Pyhämaa Wooden Church/1652/Kirkontaustantie 15, Pyhämaa

ナッキラの教会 376
エルッキ・フットゥネン

フィンランドの初期機能主義建築の重要作の1つ。礼拝堂を覆うジグザグに折れ曲がった木製天井が、音響を向上させるとともに視覚的にも面白い効果を生み出している。正面の祭壇では、右手の採光装置から入射した光が背後の曲面壁と天井の色彩を際立たせる。

Nakkila Parish Church/Erkki Huttunen
1937/Kirkkokatu 4, Nakkila

ナッキラの教区センター 377
ユハ・レイヴィスカ

ナッキラの教会に併設された教区センター。白く塗装された細い架構材で構成される内部では、天井の形状や高さに繊細な設計が施されており、レイヴィスカが同時期に改修を手がけていたレミの木造教会(397)からの影響が垣間見える。

Nakkila Parish Centre/Juha Leiviskä 1970/
Kirkkokatu 4, Nakkila

マイレア邸 378
アルヴァ・アアルト

松の木立の中に佇む名作住宅。中庭をL字に囲む母屋と離れのサウナ小屋からなり、中庭には有機的な形のプールが配される。多様な柱が林立するリビングルーム、本に囲まれた書斎など、家具や照明とともにトータルにデザインされた上質な空間で満たされている。

Villa Mairea/Alvar Aalto 1939/
Pikkukoivukuja 20, Noormarkku

379 セイナヨキのシティセンター
アルヴァ・アアルト

市内中心部、車通りの多いメインストリートを挟んで計画された「アアルト・センター」とも呼ばれる施設群。道路の西側では、以下で紹介する市庁舎、図書館、劇場が広場を軸に配置され、その軸線を受ける形で東側には教会を含む教区センターが建設された。

Seinäjoki City Centre（Aalto Centre）/Alvar
Aalto 1960-1987/Koulukatu 21, Seinäjoki

380 セイナヨキ市庁舎
アルヴァ・アアルト

紺色の磁器タイルが印象的な市庁舎。ピロティで浮かぶボックスの上に議場のボリュームが突出し、南の中庭には等高線のように区切られた芝生の階段が緩やかにのびる。市民にも使用されている議場では、浮遊する照明群が親しみやすい雰囲気を生み出している。

Seinäjoki City Hall/Alvar Aalto 1965/
Kirkkokatu 6, Seinäjoki

381 セイナヨキ市立図書館
アルヴァ・アアルト

広場を挟み市庁舎と対面する図書館。扇形に広がる閲覧室では、ハイサイドライトから採り込まれた光が天井・壁面に反射し、柔らかな拡散光が降り注ぐ。閲覧室の中央には、本棚に囲まれた窪んだスペースが設けられており、読書に適した環境が提供されている。

Seinäjoki City Library/Alvar Aalto 1965/
Alvar Aallon Katu 12, Seinäjoki

382 セイナヨキの劇場
アルヴァ・アアルト

シティセンターの西端に建つ劇場。扇形のホールを中心として、周囲に楽屋やホワイエが入る矩形のボリュームが配される。アアルトの死から約10年後に完成したが、おおよそ当初の構想通りの形で建設されている。

Seinäjoki City Theatre/Alvar Aalto 1987/
Alvar Aallon Katu 12, Seinäjoki

セイナヨキの教会 383
アルヴァ・アアルト

芝生の緑に映える白い清楚な教会。外部の斜面に合わせて祭壇へと傾斜する礼拝堂では、連続するT字形の窓から射し込む淡い光が波打つ天井の柔らかな形状を浮かび上がらせ、光の移ろいとともに多様な表情を見せる。

Seinäjoki Church/Alvar Aalto 1960/
Koulukatu 24, Seinäjoki

アピラ図書館 384
JKMM建築事務所

アアルトの旧図書館の南に新設された図書館。3つのボリュームが広がるように並ぶ外形から、クローバーを意味する「アピラ」と名づけられた。銅板仕上げのファサードが新旧建物の対比と調和を生み出しており、内部には多様な読書コーナーが設けられている。

Apila Library/JKMM Architects 2012/Alvar
Aallon Katu 14, Seinäjoki

385 セイナヨキの自衛団会館
アルヴァ・アアルト

アアルトの新古典主義期の代表作。付柱が施されたシンメトリーのファサードを持つ本館では、石造の半地下階に円形の会議室が配され、その上に2層の木造部分が載る。この地方の伝統的な表現が散見され、家具や照明などもアアルトによりデザインされた。

Seinäjoki Civil Guard House/Alvar Aalto
1926/Kauppakatu 17, Seinäjoki

386 カレヴァン・ナヴェッタ
ヒルヴィランミ建築事務所

牛舎やブロード工場などに使用されていた建物をコンバージョンして誕生した芸術文化センター。改修にあたっては、綿密な検証をもとに建物の再解釈が行われた。構造材に補強を加えながら、素材のアンサンブルにより独特の雰囲気が生み出されている。

Kalevan Navetta Art and Culture Centre/
Hirvilammi Architects 2020R/
Nyykoolinkatu 25, Seinäjoki

387 潜望鏡タワー
OOPEAA

セイナヨキ市内、丘の上の人工湖の畔に建てられた木造の展望台。地元の学生たちが建設に関わったこのタワーは、潜望鏡の原理が採り入れられており、中央部のコアに設置された鏡を通して地上でも景色を楽しむことができる。

Periscope Tower/OOPEAA 2016/
Pruukinranta, Seinäjoki

タイカ幼稚園　388
OOPEAA

この地域に見られる伝統的な納屋を意識してデザインされた幼稚園。2層吹抜けの共有スペースを中心に4つのウイングが広がる平面形をしており、共有スペースは食事やミーティングのほか講堂としても使用されている。

Taika Kindergarten/OOPEAA 2017/
Väinölänkatu 8, Seinäjoki

アラヤルヴィ　389

中部フィンランドの西部に位置する小さな街。父親の出身地であり幼少期を過ごしたアアルトと縁のある街で、以下の391～393のほか、青年団集会所（1919年）、病院（1928年）などの諸作品が残る。両親の墓もあり、アアルトのルーツを辿ることができる街でもある。

Alajärvi

アラヤルヴィの教会　390
カール・ルードヴィグ・エンゲル

ヘルシンキの都市計画を手がけたエンゲルにより設計された新古典主義様式の木造の教会。十字形平面中央のドームには頂塔が載り、内部の礼拝堂に自然光を導く。教会の隣には独立した鐘楼が並び建つ。

Alajärvi Church/Carl Ludvig Engel 1936/
Kirkkotie 6, Alajärvi

391 アラヤルヴィ市庁舎
アルヴァ・アアルト

スタッコ塗りの白い外壁に暗色の花崗岩が組み合わされた外観を持つ市庁舎。内部中央を貫通する廊下には幅と高さに変化が加えられ、その転換点にスカイライトからの光が落ちる。屋上に並ぶ天窓は、繊細なデザインが施された端部の議場へと続く。

Alajärvi Town Hall/Alvar Aalto 1969/Alvar Aallon Tie 1, Alajärvi

392 アラヤルヴィの教区センター
アルヴァ・アアルト

礼拝堂、ロビー、レストランを擁する平屋の教区センター。シンプルな箱形ながら、窓の配置によって変化と豊かさが付与されている。祈りに集中できるよう高窓から採光された礼拝堂に対して、レストランでは目線の高さに窓が設置され、外部に開かれた空間が広がる。

Alajärvi Parish Centre/Alvar Aalto 1969/Alvar Allon Tie 3, Alajärvi

393 アラヤルヴィの図書館
アルヴァ・アアルト

アアルトが没して25年後に完成した図書館。平屋の白いボリュームが周辺環境に調和している。木が多用された温かみのある閲覧室では、壁際の高窓から自然光が採り込まれ、波打つ天井がメインカウンターに向けて連続する。

Alajärvi Public Library/Alvar Aalto 1991/Kirkkotie 7, Alajärvi

フートニエミ教会 394
アールノ・ルースヴオリ

打ち放しコンクリートによる力強い外観が存在感を放つ、教会と教区センターの複合施設。ダイナミックな傾斜屋根を持つ礼拝堂では、左手の高窓から射し込む光が壁をかすめながら祭壇を照らし、鈍く輝くステンレスの十字架が神秘性を演出する。

Huutoniemi Parish Church/Aarno Ruusuvuori 1964/Mannerheimintie 2, Vaasa

ヴォクセンニスカ教会 395
アルヴァ・アアルト

アアルトらしい独特の曲線で形づくられた秀逸な内部空間を持つ教会。電動間仕切りによって3分割できる礼拝堂は、地域住民の集会所としても利用されている。堂内では、各所に設けられた多様な開口部から射し込む光が入り混じり、表情豊かな空間が生み出されている。

Vuoksenniska Church/Alvar Aalto 1958/ Ruokolahdentie 27, Imatra

396 ヴィープリの図書館
アルヴァ・アアルト

現ロシア領のヴィープリに建つアアルト初期の名作。機能主義からの影響が色濃い建築ながら、閲覧室に配された円筒スカイライト、講義室の波打つ天井などに、利用者を第一に考えた光環境や音環境を追求するアアルトの真摯な姿勢が感じられる。

Viipuri Library/Alvar Aalto 1935/Prospekt Suvorova, 4, Vyborg (Viipuri), Russia (Old Finland)

397 レミの木造教会
ユハナ・サロネン、ユハ・レイヴィスカ

先細りの十字形平面、白く塗られた堂内とステッチ状の美しい装飾に特徴が見られる木造教会。1969年にユハ・レイヴィスカが改修を手がけているが、同時期の1970年に設計したナッキラの教区センター（**377**）はこの教会から影響を受けたと自身が語っている。

Lemi Wooden Church/Juhana Salonen 1786, Juha Leiviskä 1969R/litiantie 1, Lemi

フィンランド森林博物館・ 398 森林情報センター
ラハデルマ＆マハラマキ建築事務所

年輪をイメージした円形平面の森林博物館。外壁全体を覆う松材の羽目板が水平のストライプパターンを生み出す。中央の円筒形のホールの周りにギャラリーが配され、斜路を上下しながら各空間を回遊する。

Finnish Forest Museum and Forest Information Centre/Lahdelma & Mahlamäki Architects 1994/Lustontie 1, Punkaharju

ケリマキの教会 399
アンデルス・フレーディック・グランステットゥ

長さ45m、幅42m、高さ27m、約3400人を収容できる世界最大級の木造教会。四角いドームを頂く堂内では、2層の階上席が周囲を巡る。壮大なスケールと空間構成、幾何学的な装飾、様々な様式の混在などが不思議な印象を醸し出している。

Kerimäki Church/Anders Fredrik Granstedt 1847/Urheilukuja 2, Kerimäki

400 マンニスト教会
ユハ・レイヴィスカ

平行に重なり合う壁状の白い柱
により垂直性が強調された礼拝
堂。柱の内側に色彩が施された
パネルが設置されており、淡く色
づけられた光が白い空間に色彩
のハーモニーを奏でる。ランダム
に浮遊する照明も魅力的で、空
間にリズムをもたらしている。

Männistö Church and Parish Centre/Juha
Leiviskä 1992/Ampujanpolku 2, Kuopio

401 カルサマキの教会
ラッシラ・ヒルヴィランミ建築事務所、
アンッシ・ラッシラ

木造建築の伝統技法を用いつつ
もミニマムで現代的な表現が施
された教会。礼拝堂の外周は黒
い外皮を纏う空間で覆われ、可
動ルーバーにより調光が行われ
る。入れ子状に配された礼拝堂
には、外界との唯一の接点であ
る頂部の天窓から光が射し込む。

Kärsämäki Church/Lassila Hirvilammi
Architects ·Anssi Lassila 2004/
Pappilankuja24, Kärsämäki

パルタニエミの木造教会 402

西側正面に塔を頂く十字形平面の木造教会。礼拝堂の曲面天井は画家エマニュエル・グラーンベリ作のロココ調の絵画で彩られ、下から照らす光によって動的な印象がより強められている。礼拝堂の西側には、塔と類似する形にデザインされた鐘楼が独立して建つ。

Paltaniemi Wooden Church/1726/
Paltaniementie 851, Paltaniemi

聖トーマス教会 403
ユハ・レイヴィスカ

商業施設に囲まれた広場に建つ教会。道路や広場に対して閉じることで静謐な内部空間が生み出されている。白を基調とする礼拝堂では、目線の位置に窓はなく、高窓・天窓から光が採り込まれており、吊り下げられた照明群の灯りもうまく調和している。

St.Thomas Church/Juha Leiviskä 1975/
Mielikintie 3, Oulu

ルミ・リンナ 404

雪と氷でつくられるテーマパーク。年ごとに異なるデザインをもとに、アイスチャーチ、アイスバー、アイスホテルなどが設置される。詰め固めた雪、湖から採取した天然氷、人工氷を織り交ぜて建てられた諸施設には、雪と氷の素材としての魅力や可能性が感じられ、色鮮やかな人工照明や灯火との組み合わせも美しい。

Lumi Linna (Snow Castle) /1996-/
Lumilinnankatu 15, Kemi

405 ロヴァニエミ市庁舎
アルヴァ・アアルト

市庁舎、図書館、劇場からなる
センター地区の計画のうち、アア
ルトの死後、1986年に完成した
市庁舎。当初の計画より規模が
大きく縮小されており、タワーに
される予定だった議場棟は、高
さと素材がわずかに区別される
程度にとどめられ、他の諸室と
統合されている。

Rovaniemi City Hall/Alvar Aalto 1986/
Jorma Eton Tie 6, Rovaniemi

406 ロヴァニエミ市立図書館
アルヴァ・アアルト

広場に対して扇形に広がる閲覧
室を持つ図書館。閲覧室の扇形
は、三方に開く高窓が設置され
たユニットが5つ連なることで形
成されている。高窓から入射す
る光は、湾曲する白い壁面で拡
散され、一段下げられた閲覧ス
ペースには柔らかな光が導かれる。

Rovaniemi City Library/Alvar Aalto 1968/
Jorma Eton Tie 6, Rovaniemi

407 ロヴァニエミの劇場
アルヴァ・アアルト

図書館に隣接して建つ劇場。劇
場とホワイエは2階に配され、
劇場のステージと客席を覆う5つ
のなだらかな山形の屋根が山脈
のような外観を生み出す。乳白
色の半円断面の特殊なタイルと
平板タイルの組み合わせが外壁
に独特の表情をもたらしている。

Rovaniemi Theatre and Congress Hall
(Lappia House) /Alvar Aalto 1975/Jorma
Eton Tie 8 A, Rovaniemi

アルクティクム　408
バーチ・ボンデラップ&トラップ・ヴァーデ

オナウス川に直交する形で建つ、ラップランド地方の自然や歴史・文化を紹介する博物館。川へと下る斜面に埋もれながらのびる全長約180mに及ぶガラス張りのアトリウムホールを軸として、両サイドに展示スペースやレストランなどが配されている。

Arktikum/Birch-Bonderup & Thorup-Waade
1992/Pohjoisranta 4, Rovaniemi

カルチャーハウス・コルディ　409
ユハニ・パッラスマー

美術館とコンサートホールが併設された複合施設。市内でも希少な戦前の建物だった郵便バスの停車場を改修した建物で、かつての煉瓦壁を活かしながら新旧を対比的に扱ったデザインが随所に施されている。

Culture House Korundi/Juhani Pallasmaa
1986R/Lapinkävijäntie 4, Rovaniemi

シーダ野外博物館　410

北緯69度に位置するイナリ村。湖畔に広がる園内では、ラップランド地方の原住民であるサーミ人の伝統的な住まいに触れることができる。小窓からわずかな光が射し込むだけの外部に閉ざされた暗い室内に、北極圏での厳しい暮らしぶりがうかがえる。

Siida Open-Air Museum/1963/Inarintie
46, Inari

NORWAY

Eggum | エグム ▷469 ●
Gravdal | グラヴダール ▷468 ●

Lofoten
ロフォーテン諸島

Bodø | ボードー ●

Norskehavet
ノルウェー海

Frosta | フロスタ ▷457 ●
Trondheim | トロンヘイム ●

Östersund | エステルスン

Norddal | ノーレダール ▷473 ─
Geiranger | ガイランゲル ▷472 ─
Ålesund | オーレスン ▷456 ■
● Rauma | ラウマ ▷470-471
Hovdebygda | ホヴェデビュグダ ▷455 ●
● Alvdal | アルヴダー
▷43
● Dovre | ドヴェレ ▷441
Lom | ロム ▷440 ●
● Sollia | ソリア ▷474
Bøverdalen | ボーヴェルダーレン ▷475 ●
● Ornes | オルネス ▷438
Fjærland | フョエルランド ▷436 ●
Lillehammer | リレハンメ
▷433-43
Balestrand | バレストランド ▷476 ●
Vik i Sogn | ヴィク・イ・ソウン ▷439 ●
● Borgund | ボーグンド ▷437
Aurland | アウルランド ▷477 ●
Hamar | ハーマル
▷431-432
Isdalstø | イスダルスト ▷454 ●
Brumunddal | ブルムンダール
▷430
Bergen | ベルゲン ▷453 ■
Gardermoen | ガルデルモーエン ▷428 ●
Oslo | オスロ
▷411-427
Lillestrøm | リレストロム ▷429 ─
Seljord | セルヨール ▷448 ●
● Nesbru | ネスブル ▷4
Sauda | セウダ ▷479 ●
● Asker | アスケー ▷443 ●
Sand | サン ▷478 ●
● Horten | ホーテン ▷44
Tønsberg | トンスベルグ ▷445 ●
Porsgrunn | ポルスグルン ▷447 ─
Sandnes | サンネス ▷451 ●
Nærbø | ナルボ ▷452 ●
Sandefjord | サンネフヨル ▷446 ─
● Vennesla | ヴェネスラ ▷449
● Lindesnes | リンデスネス ▷450

● Nordkapp ｜ ノールカップ

● Snefjord ｜ スネフィヨルド ▷464
● Hammerfest ｜ ハンメルフェスト ▷461

● Vardø ｜ ヴァルデ ▷463

Vesterålen
ヴェステローレン諸島

■ Tromsø ｜ トロムソ ▷459-460

● Karasjok ｜ カラショク

● Skaland ｜ スカランド ▷466
● Senja ｜ センジャ ▷465

ndøy ｜ アンドイ ▷467

● Narvik ｜ ナルヴィク

Hamarøy ｜ ハーマレイ ▷458

● Kiruna ｜ キルナ

● Rovaniemi ｜ ロヴァニエミ

Arctic Circle ｜ 北極線

● Luleå ｜ ルーレオ

● Umeå ｜ ウメオ

Bottenvika
ボスニア湾

● Tampere ｜ タンペレ

● Turku ｜ トゥルク

● Helsinki ｜ ヘルシンキ

● Uppsala ｜ ウプサラ

● Stockholm ｜ ストックホルム

N

0   250km

©Google

Frognerparken
フログネル公園

Kirkeveien

Halvdan Svartes Gate

Bygdøy Allé

Frognerstranda

● 421 ｜ ゴル教会
　● 420 ｜ ノルウェー民俗博物館

419 ｜ アウストリップ・ファーンレイ現代美術館 ●

● 422 ｜ ヴァイキング船博物館

● 423 ｜ ノルウェー海洋博物館

Oslofjorden
オスロフィヨルド

Oslo

St. Hanshaugen Park
聖ハンス公園

Chr. Michelsens gate

Maridalsveien

● 418 | ヴァルカン再開発地区

Botanisk Hage
オスロ大学植物園

Slottsparken
王宮公園

Frederiks Gate

● 415 | オスロ図書館本館

Oslo Domkirke
オスロ大聖堂

417 | 聖ハルヴェード教会と修道院 ●

● 411 | オスロ市庁舎

Oslo Sentralstasjon
オスロ中央駅

Nylandsveien

● 416 | 建築博物館

● 413 | ダイクマン・ライブラリー

Akershus Slott
アーケシュヒュス城

Langkaia

● 412 | オスロ・オペラハウス

Pipervika
ピーパル湾

● 414 | 新ムンク美術館

Bjørvika
ビヨル湾

N

0   1km

©Google

411 オスロ市庁舎
アーンシュタイン・アーネベルグ、マグナス・ポールソン

2つの高層オフィス棟がそびえる堂々とした外観の市庁舎。列柱廊と噴水を備える入口が市内側に向けられ、背面のオスロ湾側には海へと開かれた広場を持つ。ノーベル平和賞の授賞式が行われる中央ホールでは、高窓から射し込む光が壮麗な空間を照らし出す。

Oslo City Hall/Arnstein Arneberg · Magnus Poulsson 1950/Radhusplassen 1, Oslo

412 オスロ・オペラハウス
スノーヘッタ

フィヨルドに面して建てられたオペラハウス。平面的な広がりによってモニュメンタリティが形づくられており、大理石を敷き詰めたスロープ状の大屋根は様々な活動の場としても機能している。氷山のようにも見える外観にノルウェーらしさが感じられる。

Oslo Opera House/Snøhetta 2007/Kirsten Flagstads Plass 1, Oslo

ダイクマン・ライブラリー 413
アトリエ・オスロ、ルンド・ハーゲム建築事務所

オペラハウスの隣に新設された公立図書館。会議や交流の場も併設されている。3カ所ある入口からアクセスできる中央の巨大なアトリウムは3つの光のコアを持ち、それらを介して多様な場が立体的に配されている。

Deichman Library/Atelier Oslo・Lund Hagem Arkitekter 2020/Anne-Cath, Vestlys Plass 1, Oslo

新ムンク美術館 414
スタジオ・ヘレロス

オペラハウスなどが建つ開発地域に新たにオープンした美術館。スペインの建築事務所が手がけた13階建ての建物は、孔の密度に変化をつけた積層する多孔のアルミニウム材で覆われ、上階が横にスライドしたような独特の形状を持つ。内部には、7つのフロアにまたがる11の展示室を擁する。

New Munch Museum/Estudio Herreros 2020/Operagata 11, Oslo

415 オスロ図書館本館
ニルス・ライアーセン

世界各地に点在するカーネギー図書館に触発されて建設されたと言われる図書館。階段が多いことから「階段の家」とも呼ばれる。新古典主義様式の風格ある建物で、広々とした吹抜けの閲覧室では光天井が荘厳な雰囲気を醸し出している。

Oslo Public Library, Main Library/Nils Reiersen 1933/Arne Garborgs Plass 4, Oslo

416 建築博物館
スヴェレ・フェーン

フェーンの遺作となった博物館。かつての名残を留める形で補修されたノルウェー銀行の建物を経由し、新設されたガラスのパヴィリオンにアプローチする。パヴィリオンの周囲をコンクリートの外壁が取り囲み、展示にも使用できる外部スペースが設けられている。

Norwegian Museum of Architecture/ Sverre Fehn 2008E/Bankplassen 3, Oslo

聖ハルヴェード教会と修道院　417
ルンド&スラット建築事務所

円形の礼拝堂を取り囲むように四角い諸室が配された赤煉瓦造りの教会。深い闇に包まれた礼拝堂では、コンクリートの天井が垂れ下がり、壁との隙間からかすかに入り込む光によって神秘的な空間がつくり出されている。

St. Hallvard's Church and Monastery/Lund & Slaatto Arkitekter 1966/Enerhauggata 4, Oslo

ヴァルカン再開発地区　418
LPO建築事務所

荒廃していた都心部の工業地で実施された再開発。川沿いの工場の1つに切り込みを入れてオープンにすることで、東西のつながりが生み出された。古い建物は、ダンススタジオ、オフィス、住宅、フードコートなどにコンバージョンして有効に活用されている。

Vulkan Area/LPO Arkitekter 2014R/ Vulkan, Oslo

419 アウストリップ・ファーンレイ現代美術館
レンゾ・ピアノ

海辺に建つ現代美術館。運河を挟み並列する企画展示棟、常設展示棟、オフィス棟の3棟が、帆を思わせるガラスの大屋根でダイナミックに覆われる。屋根越しに降り注ぐ光が、内部空間をより開放的に演出している。

Astrup Fearnley Museum of Modern Art/
Renzo Piano 1993/Strandpromenaden 2,
Oslo

420 ノルウェー民俗博物館
ハンス・オール

広大な敷地に国内の様々な地域から集められた150以上の建物が点在する野外博物館。司書だったハンス・オールにより1894年に設立された園内には、草屋根に覆われた伝統的な建物、農家の倉庫、ヴァイキング時代に建てられた木造教会などに加えて、昔の街の様子なども再現されている。

Norsk Folkemuseum/Hans Aall 1894/
Museumsveien 10, Oslo

421 ゴル教会

ノルウェー民俗博物館に移築・展示されている教会。フィヨルドの奥深くに建てられた「スターヴ教会」と呼ばれる中世の木造教会の1つで、丸い柱を立てそれらの頂部を梁で結ぶ軸組構法、黒い木質タール塗装の厚板材が纏う外観、竜頭の棟飾りなどに特徴が見られる。

Gol Stave Church/13C/Museumsveien 10,
Oslo

ヴァイキング船博物館 422
アーンシュタイン・アーネベルグ

発掘された3隻のヴァイキング船を展示する博物館。十字形平面に配されたドーム状断面の展示室は白一色で統一され、規則的に並ぶ開口から射し込む光が漆黒の船体を美しく浮かび上がらせる。

Viking Ship Museum/Arnstein Rynning
Arneberg 1926/Huk Aveny 35, Oslo

ノルウェー海洋博物館 423
エリアセン&ランベアツ・ニルセン

1952年の設計競技を経て段階的に建設された海洋博物館。最初の建物では展示ホールを中心に諸室が配され、1974年の拡張工事で三角屋根の展示空間が増築された。内部には人間的なスケールで分節された心地よい空間が展開する。

Norwegian Maritime Museum/Eliassen &
Lambertz-Nilssen 1961・1974E/
Bygdøynesveien 37, Oslo

ホルメンコルン・ジャンプ 424
競技場
JDS建築事務所

ノルディックスキーの聖地とも言われる地に新たに建設されたジャンプ競技施設。ステンレスのメッシュによる全長69mに及ぶジャンプ台が片持ちで張り出し、観戦スペース、審査員ブース、競技者用ラウンジなどが一体的にデザインされている。

Holmenkollen Skijump/JDS Architects
2010/Kongeveien 5, Oslo

425 ブエーラ教会
ハンセン・ビョルンダール建築事務所

幼稚園も併設された大規模な教会。石・コンクリート・鉄などで幾何学的に構成された外観に対し、礼拝堂内部は木材を主として明るく仕上げられており、ルーバーの使用や隅に丸みをつけることで温もりのある清澄な空間が実現されている。

Bøler Church/Hansen-Bjørndal Arkitekter
2004/General Ruges Vei 51, Oslo

426 ヘニーオンスタッド・アートセンター
スヴェン・エリック・エンゲブレツェほか

現代美術作品を展示する美術館。建物周辺の公園にも彫刻作品が点在しており、流動的な外観と相まって内外が一体となった環境が生み出されている。展示室では、展示物に沿って所々湾曲する壁面が来訪者を奥へと導く。

Henie Onstad Art Centre/Sven Erik
Engebretsen 1964・1994E, Stein Halvorsen
2013E/Sonia Henies Vei 31, Hovikodden
(near Oslo)

モルテンスルッド教会 427
イェンセン＆スコドヴィン建築事務所

岩肌が露出した小さな丘の上に
建つ教会。礼拝堂の外壁の内側
に平らな割石を透かし積みにし
た内壁が入れ子状に立ち上がり、
石の隙間を縫って光が射し込む。
鉄骨の構造材や金属の折板屋根
の表現に工業的な軽さと明るさ
が感じられる。

Mortensrud Church/Jensen & Skodvin
Arkitektkontor 2002/Helga Vaneks Vei 15,
Oslo

オスロ空港 428
**グッドマンド・ストッケ、アヴィアプ
ランほか**

オスロの北約50kmのところに位
置する国際空港。木材が豊富な
国柄を示すかのように、集成材
などのエンジニアリングウッド
が各所に用いられている。湾曲し
た特徴的な形状の大屋根の下に、
光あふれるのびやかな空間が広
がる。

Oslo Gardermoen Airport/Gudmund
Stokke・Aviaplan 1998, etc./Edvard
Munchs Veg, Gardermoen

429 聖マウヌス教会
ルンド＆スラット建築事務所

静かな住宅地の中に建つ小さな
教会。大きさの異なるヴォールト
天井がリズミカルに連続する礼
拝堂では、スリットから射し込む
自然光が堂内を移ろう。床や家
具の温かみのある色・素材感と白
い平滑な壁面との対比も美しい。

St. Magnus Church/Lund & Slaatto
Arkitekter 1988/Romeriksgata 1,
Lillestrøm

430 ブルムンダールの教会
モレ＆ペア・カペレン

柿葺きの三角屋根が印象的な教
会。松の構造材・仕上材で形づ
くられたダイナミックな堂内には、
温もりと神聖さが同居する。祭壇
の背後では、向きを変えた3重
の木製ルーバー越しに青いステン
ドグラスが光り輝く。

Brumunddal Church/Molle & Per Cappelen
1965/Kirkevegen 67, Brumunddal

ヘドマルク博物館　431
スヴェレ・フェーン

この地に残されていた遺跡を展示する博物館。1971年に最初の棟が完成して以降、増築が繰り返された。崩れ落ちた石壁に木の架構やコンクリートのスロープなどを挿入することで、新旧の要素を体験させる秀逸なシークエンスがデザインされている。

Hedmark Museum/Sverre Fehn 1971・1973・1980E・2005R/Strandvegen 100, Hamar

ハーマル大聖堂遺跡のシェ　432
ルター
ルンド&スラット建築事務所

13世紀半ばに建設され、廃墟と化していたハーマル大聖堂を保管展示する施設。1987年のコンペを経て、鋼材とガラスによるシェルターが設置された。完成後は、洗礼や結婚式のほか、コンサートや演劇などにも使用されている。

Shelter Building for Hamar Cathedral Ruins/ Lund & Slaatto Arkitekter 1998/ Strandvegen 98, Hamar

433 リレンハンメル美術館増築部
スノーヘッタ

2016年に完成したリレンハンメル美術館の増築部。凝固した液体金属のようなステンレスのファサード、ノルウェーの山脈をモチーフにしたカラマツ材による波状のフォルムが先鋭的な外観を生み出し、白で統一された内部空間には各所から効果的に自然光が導かれている。

Lillehammer Art Museum Expansion/
Snøhetta 2016E/Stortorget 2, Lillehammer

434 リレンハンメル図書館
エァーリング・ヴィクショ

赤茶色の煉瓦による上品な外観を持つ図書館。大きな吹抜けを中心に構成される内部では、ガラスや金属を織り交ぜつつ、角度が振られた本棚やスラブが心地よい緊張感をもたらしており、落ち着きある豊かな空間が生み出されている。

Lillehammer Library/Erling Viksjø 1963/
Wiesesgate 2, Lillehammer

435 アウクルスト・センター
スヴェレ・フェーン

コンクリートを基調としながら、木や石などを用いて周囲の自然環境になじむように建てられた建物。スレート葺きの壁面が斜めに寄りかかる展示空間がダイナミックに連続し、中央を貫く通路に多角形の諸室や講堂などが連結されている。

Aukrust Centre/Sverre Fehn 1996/Nord-
Oesterdalsveien 5119, Alvdal

氷河博物館　436
スヴェレ・フェーン

周辺の山々と氷河をイメージした
という独特の外観が存在感を放
つ博物館。エントランスの両脇
にのびる急峻な階段が、建物の
先にそびえる山へと視線を導く。
屋上に加え、傾斜するガラス面
に取り囲まれた屋内のカフェから
も雄大な景観を見渡すことがで
きる。

Glacier Museum/Sverre Fehn 1991/
Fjælandfjorden 13, Fjærland

ボーグンドのスターヴ教会　437

「ソグン型」と呼ばれる3重の身
廊が特徴のスターヴ教会。国内
に残るスターヴ教会の中で最も
保存状態が良く、竜頭の棟飾り
が現存する数少ない教会の1つ
に数えられる。ギリシャ十字の
一方の腕にアプスが付いた平面
形をしており、段状に重なる切
妻屋根は竜の鱗を模した柿板で
葺かれている

Borgund Stave Church/around 1180/
Vindhellavegen 606, Borgund

オルネスのスターヴ教会　438

ルストラフィヨルドを望む、高
さ120mの崖の上に建つスター
ヴ教会。壁面に蛇と獣が絡み合
う「オルネス様式」と呼ばれる迫
力ある装飾が施される一方、竜
頭の棟飾りは残されていない。
1979年に世界遺産に登録されて
いる。

Urnes Stave Church/around 1130/Ornes

439 ヘッペルスタッドのスターヴ教会

ソグネフィヨルド沿いの小村に建てられたスターヴ教会。建造後約700年にわたり放置されていたが、建築家ピーター・アンドレアス・ブリックスがボーグンドのスターヴ教会をモデルに設計を行い、3重の身廊を持つ教会として1891年に再建された。西側の入口に見られる装飾は優れた木彫作品として知られている。

Hopperstad Stave Church/around 1130/
Rv13 53, Vik i Sogn

440 ロムのスターヴ教会

内陸部のインラント郡に属する小さな街ロムに建つスターヴ教会。1158年頃に建造され、17世紀に十字形の教会に改築されたとされるが、竜頭の棟飾りはそのまま残されている。内陣は1608年に装飾され、身廊は1634年に西方向に拡張された。

Lom Stave Church/around 1158/
Bergomsvegen 21, Lom

441 ノルウェー野生トナカイセンターパビリオン
スノーヘッタ

野生動物が生息するドヴェレフエル国立公園に建つパビリオン。ガイドによるレクチャーや壮大な景観を楽しめる集いの場として使用されている。鋼材とガラスによる硬質な外観に対して、内部には侵食された岩や氷を思わせる独特の形をした木製のコアが設置されている。

Norwegian Wild Reindeer Centre Pavilion/
Snøhetta 2011/Hjerkinn, Dovre

ホルメン・アクアティックス 442 センター
アーキス建築事務所

なだらかに傾斜するビーチ沿いの芝生にそびえる屋内プール施設。地上レベルに配されたプールに加え、地下階にはジムや多目的ホールも備える。敷地から屋外階段を経由して連続する芝生の屋根からは、フィヨルドの島々とサンゴ礁を一望できる。

Holmen Aquatics Centre/ARKIS Architects
2017/Devikveien 6, Nesbru

ヴァードオーセン教会 443
テアイェ・グロンモ

緑豊かな草原に建つ保育施設を併せ持つ教会。祭壇方向に向けて天井がせり上がる礼拝堂では、下部に連続する開口部から森の緑が採り込まれつつ、トップライトから降り注ぐ光がコンクリート壁を鮮やかに伝い落ちる。

Vardåsen Church/Terje Grønmo 2003/
Vardefaret 40, Asker

444 プレウス写真博物館
スヴェレ・フェーン

貯蔵施設として使われていた煉瓦造建物の最上階を改修した国立の写真博物館。ヴォールト天井と煉瓦壁を当初の状態で残しつつ、そこに金属・ガラス・オーク材を用いた展示用什器を加えることで新旧の対比と融合が試みられている。

Preus Museum/Sverre Fehn 2001R/
Kommandørkaptein Klincks Vei 7, Horten

445 トンスベルグ＆フェルダー図書館
ルンデ＆ロヴセト

樹木のように広がる鋼製の柱に支えられた緩やかな曲線屋根が連なる図書館。通りに面した3つの側面は全面ガラス張りで、潤沢な自然光が採り込まれている。一方、残りの1面は、対面する聖オラフ教会の遺跡の円形の形状に合わせて煉瓦の曲面壁とされている。

Tønsberg and Færder Library/Lunde &
Løvseth 1992/Storgaten 16, Tønsberg

ミットーセン彫刻パビリオン 446
ルンド・ハーゲム建築事務所

サンデフィヨルドを見下ろす丘に建つ彫刻美術館。上部全面が半透明のガラスで覆われた開放的な展示室では、南北方向にのびるコンクリート壁が空間をゆるやかに区分し、作品の配置、床レベルの変化などにより多様な領域がつくり出されている。

Midtåsen Sculpture Pavilion/Lund Hagem Arkitekter 2010/Midtåsveien 2a, Sandefjord

ポルスグルン海事博物館 447
コーベ、トランスフォーム

隣接する歴史的な建物に対して現代的な外観が異彩を放つ博物館。斬新な形状のファサードと屋根は鱗のように重なり合うアルミニウム板で形づくられており、窓のない建物内部にはファサード下端にある三角形の切り込みから光が導かれている。

Porsgrunn Maritime Museum/Cobe・Transform 2013/Tollbugata 23, Porsgrunn

448 セルヨール展望台
リンタラ・エガートソン建築事務所

湖畔に建つ展示施設が併設された木造の展望台。展望と展示の2つの機能が自生する2本の松を挟む形で配され、その間を接続デッキがつなぐ。高さ12mの展望台では、最上部とそこに至る途中に設置された2カ所の開口部から異なる方向の風景を体感できる。

Seljord Watchtower/Rintala Eggertsson
Architects 2011/Bjørgeøyane, Seljord

449 ヴェネスラの図書館
ヘレン＆ハード

工場で製作された27個の集成材リブにより流動的な内部空間が実現された図書館。緩やかなカーブを描くリブには照明器具が埋め込まれ、下方では棚へと変化する。リブの形状が現れた曲面屋根も街並みにうまく調和している。

Vennesla Library/Helen & Hard 2011/
Vennneslamoen 19, Vennesla

アンダー 450
スノーヘッタ

ヨーロッパ初の水中レストラン。全長34mの四角いコンクリート管の下端が水面下5mに沈んでおり、エメラルドグリーンの海中を望みながら食事を楽しむことができる。一方、水面上に10mに突き出した上端には玄関ホールと待合室が配され、橋で岩場と接続されている。

Under/Snøhetta 2019/Bålyveien 48, Lindesnes

ランターン・パビリオン 451
アトリエ・オスロ、AWP

歩行者専用道路の交差点に建つガラスのパヴィリオン。木製格子のフレームが、樹木のように枝分かれする4本の支柱により持ち上げられている。浮遊するガラスタイルの切妻屋根の下ではコンサート等の催し物が開かれ、夜はランタンのように光を放つ。

Lantern Pavilion/Atelier Oslo・AWP 2010/Langgata 22, Sandnes

452 ヴィテンガルデン
エイナー・ミュクレブスト、HWH建築事務所

独特のシルエットを持つ屋根に覆われた複数の木造建物が、緩やかに傾斜する草原に連なる農業博物館。ダイナミックに左右にのびる松の垂木が、2列に並ぶ積層柱で支えられており、棟部に設置された山形の天窓から自然光が降り注ぐ。

Vitengarden/Einar Myklebust・HWH
Sivilarkitekter 1995/Kviavegen 99, Nærbø

453 ブリッゲン

ベルゲン旧市街に建ち並ぶ切妻屋根のカラフルな木造倉庫群。元々は13世紀から16世紀にかけてハンザ商人が建てた商館で、間口が狭く奥行の長い建物と木製の板張りの路地が迷路のように広がる。1979年に世界遺産に登録されている。

Bryggen/13-16C/Bryggen, Bergen

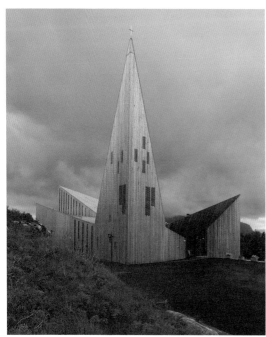

クナーヴィク教会 454
レイウルフ・ラムスタッド建築事務所

フィヨルドに面した岩場が露出する斜面地に建つ教会。無塗装の松材を纏うユニークな外形は、白鳥の姿をモチーフにしたとも言われる。外壁に刻まれたスリットが、内部に明るさをもたらすとともに空間のアクセントにもなっている。

Knarvik Church/Reiulf Ramstad Architects 2015/Kvernhushaugane 19, Isdalstø

イヴァル・オーセン博物館 455
スヴェレ・フェーン

スウェーデン語の影響を廃した新たな自国語の生みの親として知られる言語学者・作家のイヴァル・オーセンにまつわる博物館。オーセンの生家の隣に切り立つ丘の斜面を利用した断面構成が特徴的な建物では、明確な役割に基づき配された窓が、豊かな光と眼下に広がる眺望をもたらしている。

Ivar Aasen Museum/Sverre Fehn 2000/Indrehovdevegen 176, Hovdebygda

456 オーレスンの街並み

フィヨルドが連なる西岸に浮かぶ港町。1904年に大火に見舞われ、街の中心部が焼失した際、復興に立ち上がった国内の建築家たちの手により、当時最先端だったアールヌーボー様式の建築に建て替えられた。水辺や街路沿いに並ぶ色とりどりの建物が織りなす風景は、ノルウェーで最も美しい街並みの1つと称えられている。

Ålesund/early 20C

457 タウトラ・マリア修道院
イェンセン＆スコドヴィン建築事務所

トロンハイムフィヨルドの孤島に佇むシトー会修道院。ガラス屋根から降り注ぐ太陽光が木製格子の影を落とし、祭壇背後のガラス越しに水面や木々の揺らぎが感じられる礼拝堂には、自然とともにある静謐な祈りの空間が広がる。

Tautra Mariakloster/Jensen & Skodvin Arkitektkontor 2006/Tautra Mariakloster, Frosta

クヌート・ハムスン・センター 458
スティーブン・ホール

作家クヌート・ハムスンの記念館。中央のエレベーターを軸として、周囲を巡る形で各階に展示室が配される。スターヴ教会を思わせる黒い木材で覆われた外観、草屋根のような屋上の植栽など、ノルウェーの伝統建築からヒントを得た設計が施されている。

Knut Hamsun Centre/Steven Holl 2009/
Vestfjordveien 1464, Hamarøy

北極教会 459
ヤン・インゲ・ホービ

北緯約70度に位置する北極圏の街トロムソに建つ教会。大小異なる三角形のコンクリートフレームがずれながら連続する堂内には、各フレームの隙間から自然光が降り注ぐ。日中から一転、内部の灯りによりライトアップされる夜間の姿も美しい。

Arctic Cathedral/Jan Inge Hovig 1965/
Hans Nilsens Vei 41, Tromsø

460 トロムソ図書館
グナル・ブェーゲベルグ・ハンセン

4つのアーチによって形づくられた双曲放物面の大屋根と全面ガラス張りの外観が目をひく公共図書館。自然光がふんだんに採り込まれた内部には、中央に階段が配された3層構成の開放的な空間が広がる。

Tromsø Public Library/Gunnar Bøgeberg
Hansen 1973/Groennegata 94, Tromsø

461 北極カルチャーセンター
Λラボ

世界最北端の街ハンメルフェストの海辺に建つ、劇場や映画館を備えた文化施設。鮮やかな赤色に塗装された木板をガラスの外皮が覆う。前面道路から海へとつながるピロティには、階段状の座席が設置されており、屋外劇場としても使用することができる。

Arctic Cultural Centre/A-lab 2009/
Strandgata 30, Hammerfest

462 ナショナル・ツーリストルート

国が整備を進めている18の観光ルート。フィヨルド、氷河、滝などの名所を経由する全長約1800kmに及ぶルート上には、**463 ～ 479** をはじめとするデザイン性の高い建造物や展望台、休憩所等が随所に建設されており、国レベルで共同運営されている。

National Tourist Routes in Norway/1993-
2023 (scheduled to be completed)

ステイルネセトの記念碑 463
ピーター・ズントー、ルイーズ・ブルジョワ

魔女裁判によりこの地で火刑に処された91人の犠牲者を追悼するモニュメント。木の架構に固定された全長125mの帆布による展示空間が配され、隣接するガラスの建物では炎を上げる椅子のアートワークにより鎮魂の祈りが捧げられている。

Steilneset Minnested/Peter Zumthor · Louise Bourgeois 2011/Andreas Lies Gate, Vardø

セルヴィカ休憩所 464
レイウルフ・ラムスタッド建築事務所

ノルウェーの最北端に建つ、周辺の岩層を模した彫刻のような休憩施設。車椅子での利用が考慮され、すべてがスロープで構成されている。ビーチへと蛇行する小道、各所に設けられた滞留の場が、回遊しながら風景を探索する楽しみを演出している。

Selvika Rest Area/Reiulf Ramstad Arkitekter 2012/Fv889, Havøysund, Snefjord

ベルグスボツン展望台 465
コーデ建築事務所

鉄骨に支えられた長さ44mの木製デッキがフィヨルドへと突き出す展望台。波のようにせり上がる先端部では、視界から手すりが消え、フィヨルドと周囲の山並みが織りなす壮大な景色を満喫することができる。

Bergsbotn Viewpoint/Code Arkitektur 2010/Bergsbotn, Senja

466 トゥンゲネセト休憩所
コーデ建築事務所

岬の突端に建つ休憩所。経年変化が美しいカラマツ材の遊歩道が、自然豊かな景観に溶け込んでおり、海辺をゆっくりと散策できるピクニックコースとしても最適な場が提供されている。

Tungeneset Rest Area/Code Arkitektur 2007/Fylkesvei 862, Skaland

467 ブッケイェカ休憩所
モルファウス建築事務所

切り立つ絶壁に対して直線的なコンクリートの造形が存在感を放つ海辺の休憩施設。海を望むベンチ、休憩所、灯台への歩道橋といった各要素が分散配置され、彫刻作品のように見せることを意図してデザインされている。

Bukkekjerka Rest Area/Morfeus Arkitekter 2018/Bukkekjerka, Andøy

468 スクレーダ・ロードサイド休憩所
マンタイ・クラ

1980年代に建設された既存休憩所のリノベーション。円をモチーフにランダムな形にデザインされた多彩なベンチとテーブルが、緩やかなカーブを描きながら海辺に配され、そのカラフルな色使いが眺めと憩いを楽しむ場を演出している。

Skreda Roadside Rest Area/Manthey Kula 2018R/Flesveien 480, Gravdal

469 エグム休憩所
スノーヘッタ

第2次世界大戦の遺構である石造のレーダー基地の下につくられた円形劇場のような休憩所。壁面を覆う蛇籠には地元で発掘された石が詰め込まれ、近くのビーチで見つかった流木なども使用されている。

Eggum Rest Area/Snøhetta 2007/Eggumveien, Eggum

トルルスティーゲン展望台 470
レイウルフ・ラムスタッド建築事務所

急な山腹を蛇行する道路の200m上方に突き出す展望台。多角形状の人工的な形態が周囲の自然に対して主張しながらも、コルテン鋼の風合いが調和することで新たな風景が生み出されている 。

Trollstigen Viewpoint/Reiulf Ramstad Arkitekter 2012/Romsdalen, Rauma

トルルスティーゲン・カフェ 471 と物販施設
レイウルフ・ラムスタッド建築事務所

「トロールの通り道」と呼ばれる道路沿いに建つカフェと物販施設。カフェの複雑な形状は、周囲の峰々と水辺に呼応する形でデザインされている。一方、斜面に埋もれる物販施設は、川の水位が上昇した際の防護壁としても機能する。

Trollstigen Cafe and Shop/Reiulf Ramstad Arkitekter 2012/Trollstigvegen, Åndalsnes, Rauma

エアネスヴィンゲン展望台 472
3RW建築事務所

崖をのぼるヘアピンカーブから突き出たバルコニー状の展望台。5枚のコンクリートスラブが段状に重ねられ、展望デッキの脇に設置されたガラス面を伝って近くの小川から引かれた水が崖下へと滝のように流れ落ちる。

Ørnesvingen Viewpoint/3RW Arkitekter 2006/Fv63 27, Geiranger

473 ユーヴェ・ランドスケープ・ホテル
イェンセン＆スコドヴィン建築事務所

川と森に面した急な斜面地に建つホテル。形状が異なる7つの棟が敷地内に点在する。ミニマルながらも温もりのあるデザインで設えられた室内からは、大きなガラス窓越しに雄大な自然を間近に感じることができる。

Juvet Landscape Hotel/Jensen & Skodvin Arkitektkontor 2008/Gudbrandsjuvet, Norddal

474 ソールベアプラッセン展望台
カール・ヴィゴ・ホルメバック

湖を見下ろす松林に浮かぶコンクリートの展望台。林立する松の隙間を縫うように湾曲させたプラットホームの形状、床下の植物への採光と涵養を確保するために設置されたグレーチングの開口部など、敷地の環境に配慮したデザインが施されている。

Sohlbergplassen Viewpoint/Carl-Viggo Hølmebakk 2005/Rv27, Sollia

475 ソウネフェルスヒュッタのマウンテンホテル
イェンセン＆スコドヴィン建築事務所

北欧で最も高い峠に建つホテル。既存の2つの宿泊施設の間に木造プレハブの構造体を挿入することで、エントランスが形づくられている。砂が敷きつめられ、自然光が降り注ぐ空間には、屋外にいるかのような開放感が感じられる。

Sognefjellshytta Mountain Hotel/Jensen & Skodvin Architects 2015E/ Sognefjellsvegen 4974, Bøverdalen

476 ガウラーフィレット展望台
コーデ建築事務所

標高1500m級の山々に囲まれた深い峡谷を望む展望台。800m²に及ぶ巨大な三角形のコンクリートスラブから展望デッキが迫り出し、折り上げられた2つのコーナー部分には階段状のベンチ、ソーラーパネルとトイレの出入口が配されている。

Gaularfjellet Viewpoint/Code Arkitektur 2016/Rv13, Balestrand

ステガステイン展望台　477
トッド・ソーンダース、トミー・ヴィルヘルムセン

フィヨルドに向かって張り出す全長30mの木製の展望台。既存の景観や地形への配慮からミニマムな表現が採用されており、透明な手すりが設置された先端部ではフィヨルドの風景に空中で対峙する感覚を味わうことができる。

Stegastein Viewpoint/Todd Saunders・Tommie Wilhelmsen 2005/Bjørgavegen 83, Aurland

フーセ橋　478
リンタラ・エガートソン建築事務所

緑豊かな山中を流れるスルダル川に架けられた鋼橋。ステンレス鋼のメッシュとコルテン鋼のシートで覆われた直線的な形状が、荒々しい岩場の景観を際立たせる。橋上からは、中央部にはめ込まれたグレーチングを通して川の流れを体感することができる。

Høse Bridge/Rintala Eggertsson Architects 2013/Postvegen 57, Sand

アルマナユヴェット亜鉛鉱山博物館　479
ピーター・ズントー

1899年に閉鎖された亜鉛鉱山の跡地に建てられた博物館。展示棟、カフェ、休憩所と駐車場が分散的に配されつつ、まとまりのある一体的な風景が生み出されている。すべての建物にプレファブの材料が用いられており、現場組み立てにより建設された。

Allmannajuvet Zinc Mine Museum/Peter Zumthor 2016/Saudavegen, Sauda

ICELAND

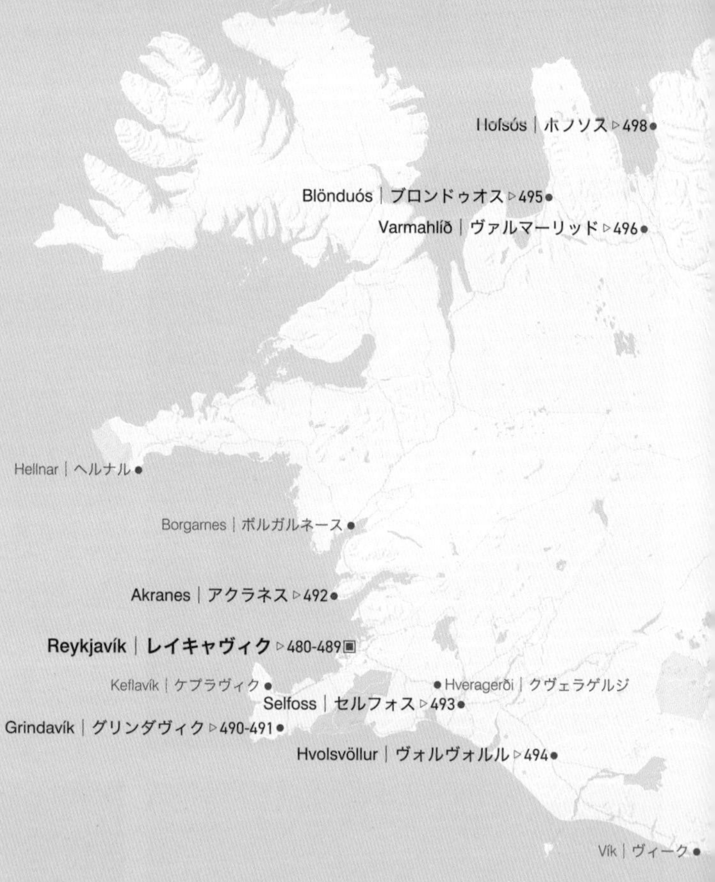

Hofsós｜ホフソス ▷498 ●

Blönduós｜ブロンドゥオス ▷495 ●

Varmahlíð｜ヴァルマーリッド ▷496 ●

Hellnar｜ヘルナル ●

Borgarnes｜ボルガルネース ●

Akranes｜アクラネス ▷492 ●

Reykjavík｜レイキャヴィク ▷480-489 ■

Keflavík｜ケプラヴィク ●

Grindavík｜グリンダヴィク ▷490-491 ●

● Hveragerði｜クヴェラゲルジ

Selfoss｜セルフォス ▷493 ●

Hvolsvöllur｜ヴォルヴォルル ▷494 ●

Vík｜ヴィーク ●

● Akureyri ｜ アークレイリ

Urriðavatn ｜ ウリザヴァトン ▷500
● Egilsstaðir ｜ エギルスダディル ▷499

● Djúpivogur ｜ デューピヴォーグル

Vatnajökulsþjóðgarður
ヴァトナヨークトル国立公園

● Bjarnanes ｜ ビャーナネス ▷497
● Höfn í Hornafirði ｜ ヘブン

● Kirkjubæjarklaustur ｜ キルキュバイヤルクロイストゥル

N

0   100km

ⓒ Google

Ánanaust

Geirsgata

● 489 ｜ ハルパ

● 485 ｜ レイキャヴィク美術館ハフナーフス

Lækjargata

Reykjavíkurtjörn
チョルトニン湖

Suðurgata

● 484 ｜ アイスランド国立美術館

Skothúsvegur

480 ｜ ハルグリム教会 ●

● 481 ｜ ネス教会

Hringbraut

Njarðargata

Snorrabraut

Háskóli Íslands
アイスランド大学

● 483 ｜ スカンディナヴィア館

Bústaðavegur

Reykjavíkurflugvöllur
レイキャヴィク空港

488 ｜ ペルラン ●

Reykjavík

Sæbraut

Reykjavegur

Laugavegur

487 | レイキャヴィク美術館アスムンダルスフン●

Suðurlandsbraut

Langahlíð

●**486 | レイキャヴィク美術館キャーヴァルスタディル**

Klambratún
ンブラトゥン公園

Kringlumýrarbraut

Miklabraut

N

0 _____ 1km

© Google

480 ハルグリム教会
グドジョン・サムエルソン

41 年の歳月をかけて建設された
国内最大の教会。天高くそびえ
るダイナミックな外観はアイスラ
ンドの岩山の景観をモチーフに
デザインされたと言われ、高さ
73mを誇る塔は街を一望できる
展望台としても親しまれている。

Hallgrimskirkja/Guðjón Samúelsson
1940/Hallgrimstorg, Reykjavík

481 ネス教会
アウグスト・パルソン

市内で初めて近代的な工法を用
いて建設された教会。段状にせ
り上がる天井に覆われた礼拝堂
では、段差の隙間から自然光が
導かれる。奥の祭壇には青を基
調としたステンドグラスの光が降
り注ぎ、厳かな雰囲気を醸し出
している。

Neskirkja/August Pálsson 1957/Hagatorg,
Reykjavík

482 トタン住宅の家並み

レイキャヴィク市内では、カラ
フルに塗られたトタン板の屋根
と壁による住宅が数多く見られ、
街の景観に彩りを与えている。こ
うしたトタンの住宅は、木造住
宅に代わり 19 世紀末頃から建て
られるようになったと言われ、ハ
ルグリム教会の塔からは華やか
な家並みを見下ろすことができる。

Galvanized Iron Houses in Reykjavík/late
19C-/Reykjavík

スカンディナヴィア館　483
アルヴァ・アアルト

北欧4カ国から寄贈されたアアルト設計の文化施設。アアルト特有のクリスタル・スカイライトが、図書室に光を導きつつ外観の重要なアクセントにもなっている。このほかにも、アアルトらしさが感じられる上質なデザインを随所に見ることができる。

Nordic House/Alvar Aalto 1968/
Sæmundargata 11, Reykjavík

484 アイスランド国立美術館
グドジョン・サムエルソン、ガロア・ハルドルソン

国内の作品を中心として、ピカソやムンクなどの諸外国の作品も所蔵する国立美術館。1916年に建てられた冷凍倉庫が1987年に改修・増築され、美術館に転用されている。3つのヴォールト天井が連続する展示室では、頂部から採り込まれた自然光が室内を穏やかに照らす。

National Gallery of Iceland/Guðjón Samúelsson 1916, Garðar Halldórsson 1987E/Fríkirkjuvegur 7, Reykjavík

485 レイキャヴィク美術館 ハフナーフス
スタジオ・グランダ

港の近くに建つ漁業倉庫だった建物をリノベーションした美術館。6つの展示スペースと中庭で構成される。かつての倉庫の雰囲気をできるだけ残しつつも、現代的なサインやグラフィックなどがうまく調和したデザインが施されている。

Reykjavík Art Museum Hafnarhús/Studio Granda 1998R/Tryggvagata 17, Reykjavík

レイキャヴィク美術館 486
キャーヴァルスタディル
ハンネス・ダヴィドソン

クランブラトゥン公園内に建つ現代美術館。コンクリートとガラスを主材料とし、明快なグリッドに基づいて構成された建物は、モダニズム建築の好例で、中庭を取り囲むガラス面を通して公園へと開かれている。

Reykjavík Art Museum Kjarvalsstaðir/
Hannes Kr. Davíðsson 1973/Flókagata 24,
Reykjavík

レイキャヴィク美術館 487
アスムンダルスフン
アズムンドゥル・スヴェインソン

彫刻家のアズムンドゥル・スヴェインソンの作品が展示された美術館。スヴェインソン自身が設計した自宅兼スタジオが転用されており、各所に設置された高窓・天窓から光が降り注ぐのびやかな展示空間が広がる。

Reykjavík Art Museum Ásmundarsafn/
Ásmundur Sveinsson 1983/Sigtún 105,
Reykjavík

ペルラン 488
インギムンドゥール・スヴァインソン

丘に建つ「真珠」という名の複合施設。温水を貯蔵する6つのタンクの上に載せられた回転するガラスドームから、レイキャヴィクの街を360度望むことができる。色鮮やかにライトアップされる夜の姿も美しい。

Perlan/Ingimundur Sveinsson 1991E/
Öskjuhlíð, Reykjavík

489 ハルパ

ヘニング・ラーセン建築事務所、オラファー・エリアソン

ウォーターフロントに建つコンサートホールとカンファレンスセンターの複合施設。網目のような鉄骨フレームと光り輝くガラスで構成されたファサードは、アーティストのオラファー・エリアソンとのコラボレーションによりデザインされている。

Harpa Concert Hall and Conference
Centre/Henning Larsen Architects・Olafur
Elisson 2011/Austurbakki 2, Reykjavík

490 ブルーラグーン

レイキャヴィクの南西約40kmに位置する、総面積5000m²に及ぶ世界最大の屋外温浴施設。隣接する地熱発電所から排出された地下熱水を再利用した人工の温泉で、白い泥状のシリカを豊富に含んだミルキーブルーの温水と黒い溶岩が織りなす絶景を体感できる。

Blue Lagoon/1987/Norðurljósavegur 9,
Grindavík

ブルーラグーンのホテルとスパ 491
シグリドゥ・シグポゥドティル、バソールト建築事務所

ブルーラグーンの西側に建設された一連の施設。同一の建築家とその事務所が設計を担当し、徹底的な敷地分析に基づき周囲の自然環境と有機的に関係づけられた建築が実現されている。溶岩を想起させる素材の扱いなども興味深い。

Hotel and Spa Complex at Blue Lagoon/
Sigríður Sigþórsdóttir 1999, Basalt
Architects 2011-2018E/Norðurljósavegur
9, Grindavík

グオラウ温浴場 492
バソールト建築事務所

北大西洋に面したビーチの防波堤に建てられた公共浴場。楕円形のコンクリートをずらしながら3層に積み上げた構成で、上から展望台、温水プール、冷水プールが配される。最下層の冷水プールには、温水プールから湯が流れ落ち、満潮時には海水も入り込む。

Guðlaug Baths/Basalt Architects 2018/
Langisandur Beach, Akranes

493 IONアドヴェンチャーホテル
ミナーク

雄大な溶岩原に建つ地熱発電所
の労働者用宿舎をコンバージョン
したホテル。斜めに林立する
支柱で持ち上げられたウイング
部分が増築され、内部では流木
などの素材が活用された現代的
なデザインが施されている。

ION Adventure Hotel/Minarc 2013E/
Nesjavellir við Thingvallavatn, Selfoss

494 ラヴァセンター
バソールト建築事務所

「溶岩センター」と名づけられた
火山博物館。優美な曲線パター
ンが施された木製の落ち着いた
外観とは対照的に、展示室内部
には燃え立つような赤い空間が
広がる。壁面の有機的な形状と
色彩が、沸き立つ溶岩流を連想
させる。

LAVA Centre/Basalt Architects 2017/
Austurvegur 14, Hvolsvöllur

495 ブロンドゥオスの教会
マギ・ヨンソン

平原に屹立する十字架とマッシ
ブなボリュームが存在感を放つ
教会。鈍いグレーの玄武岩で覆
われた独特の形状は、噴火する
火山をイメージしてデザインされ
たと言われる。地盤面上に並ぶ
円形のトップライトは、地下にあ
る集会所の採光装置として機能
している。

Blönduóskirkja/Maggi Jónsson 1993/
Hólabraut 15, Blönduós

グラウムベアル 496

主に18〜19世紀頃のアイスランドの伝統的な農家と教会が保存・展示された野外博物館。なかでも屋根と壁が芝生や土で覆われた建物は圧巻で、他の北欧諸国にはない迫力と独特の地域性が感じられる。なお、博物館外でも古い農家（下段左写真）や教会（下段右写真）は国内各所に現存している。

Glaumbær/1948/Glaumbær, Varmahlíð

ビャーナネスの教会 497
ハンネス・ダヴィドソン

三角錐状の祭壇部とトンネル状の身廊部が組み合わされた幾何学的な外観を持つ教会。奥の祭壇では、妻面の開口部から射し込む光が背後の壁面を照らし出し、厳粛な雰囲気を高める。夜間には、ガラス面から漏れる灯りが特異な形状を浮かび上がらせる。

Bjarnaneskirkja/Hannes Kr. Davíðsson
1995/8QC2+3Q, Bjarnanes

498 ホフソス・スイミングプール
バソールト建築事務所

北部の小さな漁村の海岸沿い、周囲に溶け込むように建つプール施設。屋外に設置されたプールからは広大なフィヨルドの景観を一望できる。緩やかに湾曲するコンクリート打ち放しの建物が、吹き付ける北風と道路の喧騒からプールを守る役割を果たしている。

Hofsos Swimming Pool/Basalt Architects
2010/Suðurbraut 15, Hofsós

499 スナイフェルス・ビジターセンター
アーキス建築事務所

広大な氷河が広がるヴァトナヨークトル国立公園のビジターセンター。地元産のカラマツが使用され、上部を芝生で覆われた建物は、周辺の環境にうまく呼応している。X字形平面の施設内には、オフィスのほか、展示エリア、図書室、カフェ等も整備されている。

Snaefellsstofa Visitor Centre/Arkís Architects 2010/Skriðuklaustur, Egilsstaðir

ヴォク温浴施設　500
バソールト建築事務所

東部、ウリザヴァトン湖の畔に建つ温浴施設。屋上を緑化することで敷地と一体化された施設棟の先、多角形のデッキに囲われた2つの温水プールが湖水に浮かぶ。水と緑に包まれた穏やかな景観の中、ここでしか味わえないくつろぎの場が提供されている。

Vök Baths/Basalt Architects 2019/8H33+G5 Fellabær, Urriðavatn

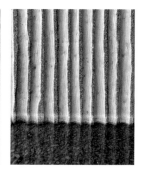

索引　　　・各項目の数字は掲載ページを表す。

英数

DR コンサートホール　　035
ION アドヴェンチャーホテル　　226
IT ユニバーシティ　　036
J・F・ウィルムセン美術館　　052
KF-HUSET　　087
SAS ロイヤルホテル　　018
VM ハウス　　036
VM マウンテン　　037
79 ＆パーク　　087
8 ハウス　　036

ア

アーティペラーグ　　095
アートセンター・シルケボーバズ　　066
アーランダ空港　　096
アアルトスタジオ　　141
アアルト大学 (旧ヘルシンキ工科大学)　　144
アアルト大学オタニエミ・スポーツホール　　145
アアルト大学旧建築学科棟　　145
アアルト大学新館　　145
アアルト大学図書館　　144
アアルト大学本館　　144
アアルトハウス　　141
アイスベルグ　　063
アイスランド国立美術館　　222
アイノラ　　152
アウクルスト・センター　　198
アウストリップ・ファーンレイ現代美術館　　192
アウレヤルヴィの木造教会　　159
アカデミア書店　　130
アッラス・シープール　　133
アピラ図書館　　173
アモス・レックス美術館　　121
アラヤルヴィ　　175
アラヤルヴィ市庁舎　　176
アラヤルヴィの教会　　175
アラヤルヴィの教区センター　　176
アラヤルヴィの図書館　　176
アルヴァ・アアルト美術館　　162
アルクティクム　　183
アルケン近代美術館　　040

アルマナユヴェット亜鉛鉱山博物館　　215
アルムトゥーマ教会　　097
アロス・オーフス現代美術館　　060
アロス・オーフス現代美術館の展望台　　060
アンダー　　205
アントヴォスコウ教会　　054

イ

イヴァル・オーセン博物館　　207
イェーテボリ裁判所増築　　113
イェーテボリ市立劇場　　113
イェーテボリ市立美術館　　112
イェーテボリ中央駅　　112
イェーテボリ・ベイジングカルチャー　　114
イェヴレの火葬場　　099
イェンス・バング邸　　071
イスラエル広場　　032
イスレブ教会　　042
イソ・オメナ図書館　　147
イタケスクス・スイミングホール　　140
イッタラ＆アラビア・デザインセンター　　136
インナーハウン・ブリッジ　　029

ウ

ヴァーサ号博物館　　086
ヴァードオーセン教会　　201
ヴァイキング船博物館 (デンマーク)　　052
ヴァイキング船博物館 (ノルウェー)　　193
ヴァイノ・アールトネン美術館　　169
ヴァッリラ図書館　　137
ヴァティアラ礼拝堂　　158
ヴァルカン再開発地区　　191
ヴァレンシア弁護士協会　　023
ヴァンダロールム・ミュージアム　　101
ヴィージーハウス　　147
ヴィーッキ教会　　139
ヴィープリの図書館　　178
ヴィスビュー　　115
ヴィテンガルデン　　206
ヴィトレスク　　149
ヴェクショー市立図書館新館　　102
ヴェスター・ヴォルドゲード通り　　023

ウエスタンハーバー地区　106
ヴェストマンランド・ダラの学生会館　096
ヴェネスラの図書館　204
ヴェネルストのコロニーガーデン　031
ヴェラヴィスタ集合住宅　047
ヴォク温浴施設　229
ヴォクセンニスカ教会　177
ウスタグロ屋上農園　033
ウスペンスキー寺院　133
ウッツォン・センター　072
ウプサラ大学　096
ウプサラ大聖堂　096

エ

エアネスヴィンゲン展望台　213
エーエダル教会　048
エーブルトフト・ガラス美術館　065
エグム休憩所　212
エンゲルブレクト教会　084
エンソ・グートツァイト本社ビル　133
エンホイ教会　069

オ

オーアスタッド地区　035
オーアスタッドの集合住宅　038
オーアスタッド・プライエセンター　036
オースタの教会　093
オードラップゴー美術館新館　045
オーフス火葬場の礼拝堂　061
オーフス劇場　059
オーフス市庁舎　058
オーフス大学植物園の温室　061
オーフス大学本館　060
オーフス大聖堂　058
オーラス・ペトリ教会　085
オーレスンの街並み　208
オスロ・オペラハウス　188
オスロ空港　195
オスロ市庁舎　188
オスロ図書館本館　190
オタニエミ礼拝堂　146
オラリ教会　147

オルネスのスターヴ教会　199

カ

カール＆カーリン・ラーション・ハウス　098
カール・ヘニング・ペデルセン＆エルシー・アルフェルツ
美術館　067
海洋教育センター　107
カウニアイネンの教会　148
ガウラーフィレット展望台　214
カストラップ空港　039
カストラップ・シー・バス　040
ガソリンスタンド　048
カッリオ教会　127
ガムラスタン　078
ガメルドック　028
カラサタマの学校とデイケアセンター　136
ガラス宮　120
カルヴェボッド・ボルイエ　025
カルサマキの教会　180
カルチャーアイランド　056
カルチャーハウス　082
カルチャーハウス・コルディ　183
カルチャーヤード　050
カルマル現代美術館　103
カレヴァ教会　156
カレヴァン・ナヴェッタ　174
ガレン＝カッレラ美術館　144
カンピ礼拝堂　121
ガンメルスタードの教会街　100
ガンメル・ヘレルプ高等学校体育館　044

キ

北ユトランド美術館　071
旧キノパラッテイ・ビル　131
旧サウナッツァロの村役場　164
旧証券取引所"ベアセン"　024
旧デンマーク・デザインセンター　021
キュピラ住宅地区　137
キルッコヌンミの図書館　149
キンゴー・テラスハウス　051

ク

グウ教会　070
クオッカラ教会　163
グオラウ温浴場　225
グスタフスベリ陶磁器博物館　095
グッド・シェパード教会　138
クナーヴィク教会　207
クヌート・ハムスン・センター　209
クラウッカラの教会　153
グラウムベアル　227
グラスハウス　102
クリスチャニア　031
クルットゥーリ・サウナ　134
グルントヴィ教会　034
クロイヤー広場の集合住宅　028
クロンボー城　050
クンスガータン　081

ケ

ゲオセンター・メーンス・クリント　053
ケリマキの教会　179
建築博物館　190

コ

国民年金会館本館　126
国立現代美術館"キアズマ"　122
ゴスタ・セルラキウス美術館　158
コスタボダ・アートホテル　101
コスタボダ・グラスアートギャラリー　101
ゴスバーネン貨物倉庫跡地　062
国会議事堂（スウェーデン）　079
国会議事堂（フィンランド）　124
国会議事堂別館　123
コッコネン邸　152
コペンハーゲン癌・健康センター　032
コペンハーゲン市庁舎　020
コペンハーゲン大学図書館　022
コペンハーゲン中央駅　018
コペンヒル発電所　038
コリン城美術館　056
ゴル教会　192
コルケアサーリ動物園の展望台　135

コンエンス・リュンビューの野外博物館　046
コンゲンス・ニュートー広場メトロ駅　030

サ

サイクルスランゲン　026
サイクルブリッジ　027
サヴォイ・レストラン　129
サウス・ハーバー・スクール　035
ザ・シスターンス　035
サノマハウス　123

シ

シーダ野外博物館　183
シベリウス博物館　169
シベリウス・ホール　151
新カールズバーグ美術館　019
新カールズバーグ美術館新展示室棟　019
新火葬施設　091
新ムンク美術館　189

ス

スウェーデン王立図書館　084
スウェーデン国立美術館　085
スウェーデン中央銀行　082
スヴェラ礼拝堂　148
スヴェン・ハリー美術館　085
スーパーキーレン　033
スーホルムI・II・III　047
スオメンリンナの要塞　135
スカンディナヴィア館　221
スカンディナヴィア・センター　059
スカンセン　086
スカンディア・シネマ　083
スキッサーナス美術館　109
スクレーダ・ロードサイド休憩所　212
ステイルネセトの記念碑　211
ステガステイン展望台　215
ステリング・ビル　021
ストールトルゲット広場　079
ストックホルム宮殿　079
ストックホルム近代美術館・建築博物館　086
ストックホルム市庁舎　080

ストックホルム市立図書館　　083
ストックホルム大学　　088
ストックホルム大学学生会館　　088
ストックホルム大学体育館　　089
ストックホルム大学大講堂　　089
ストックホルム大学図書館　　088
ストックホルム大学ユーリスタナス・ハウス　　089
ストックホルム大聖堂　　078
ストックホルム地下鉄駅　　081
ストックホルム中央駅　　081
ストックホルム・バスターミナル　　081
ストックマンデパート　　129
ストロイエ　　020
ストロムカイエン・フェリーターミナル　　086
スナイフェルス・ビジターセンター　　228
スレロツ市庁舎　　048

セ

聖オラフ教会　　159
聖クヌット・聖ゲアトルド礼拝堂　　107
聖クレメンス教会　　070
聖十字架礼拝堂　　167
聖トーマス教会 (スウェーデン)　　093
聖トーマス教会 (フィンランド)　　181
セイナヨキ市庁舎　　172
セイナヨキ市立図書館　　172
セイナヨキの教会　　173
セイナヨキの劇場　　172
セイナヨキの自衛団会館　　174
セイナヨキのシティセンター　　172
聖ハルヴェード教会と修道院　　191
聖ペーター教会　　110
聖ヘンリ・エキュメニカル礼拝堂　　168
聖マーク教会　　092
聖マウヌス教会　　196
聖ローレンス教会　　142
セウラサーリ野外博物館　　140
セリングタワー　　064
セルヴィカ休憩所　　211
セルゲル広場　　082
セルヨール展望台　　204
潜望鏡タワー　　174

ソ

ソウネフェルスヒュッタのマウンテンホテル　　214
ソールベアプラッセン展望台　　214
ソネスガーデ 11　　061

タ

ダーラナス博物館　　097
ダーラナ大学メディアライブラリー　　097
タイカ幼稚園　　175
ダイクマン・ライブラリー　　189
タウトラ・マリア修道院　　208
タピオラ教会　　146
タピオラ田園都市　　146
タンペレ市立図書館　　156
タンペレ大聖堂　　157

チ

チボリ公園　　019
中部フィンランド博物館　　162

テ

ティトゲン学生寮　　037
ディドリシュセン美術館　　140
ディポリ学生センター　　145
デザインミュージアム・イッタラ　　154
デザインミュージアム・デンマーク　　030
テナー美術館　　072
デュプケア教会　　066
テルス保育園　　094
テンペリアウキオ教会　　128
デンマーク王立図書館　　026
デンマーク王立プレイハウス　　027
デンマーク海洋博物館　　050
デンマーク建築センター　　027
デンマーク国立アーカイブ　　026
デンマーク国立オペラハウス　　029
デンマーク国立銀行　　024
デンマーク国立水族館　　039
デンマーク国立美術館　　029

ト

トゥルク・アートアカデミー　　169

トゥルク城　166
トゥルク市立図書館　168
トゥルク市立美術館　166
トゥルク大聖堂　167
トゥルンサノマット新聞社　166
トゥングネセト休憩所　212
トーヴァルセン彫刻美術館　022
トーカン・ビジターセンター　099
トーロ教会　125
トーロ図書館　125
トーンビア教会　054
トタン住宅の家並み　220
ドック1　062
ドラエアの街並み　040
トラフォルト美術館　057
トルヴェハレルネ KBH　032
トルルスティーゲン・カフェと物販施設　213
トルルスティーゲン展望台　213
ドロットニングホルム宮殿　095
トロムソ図書館　210
トンスベルグ＆フェルダー図書館　202

ナ

ナクスタ教会　098
ナショナル・ツーリストルート　210
ナッキラの教会　171
ナッキラの教区センター　171
南西フィンランド農業協同組合ビル　166

ニ

ニューハウン　028
ニュエア小学校　042
ニルス・エリクソン・バスターミナル　112

ネ

ネアポアト駅　031
ネス教会　220

ノ

ノルウェー海洋博物館　193
ノルウェー民俗博物館　192
ノルウェー野生トナカイセンターパビリオン　200

ノルディック水彩画美術館　115

ハ

ハーバーバス　025
ハーバープール　063
ハーマル大聖堂遺跡のシェルター　197
ハーランダ教会　114
パイミオのサナトリウム　170
ハウザー広場　021
バウスヴェア教会　043
パシラ図書館　137
ハットゥラの聖十字架教会　155
ハパランダの教会　100
ハメーンキュラ教会　142
ハメ城　154
ハルグリム教会　220
パルタニエミの木造教会　181
ハルパ　224
ハルムスタッド図書館　111
ハルユ葬儀礼拝堂　151

ヒ

ビャーナネスの教会　227
ピュハマーの木造教会　170
氷河博物館　199
ピルッカラの教会　157

フ

ファースタ・フォサムリン・ソーダレツ教会　092
ファーボー美術館　055
ファッツェル・ビジターセンター＆ミーティングセンター
　　143
フィスカルス・ヴィレッジ　149
フィン・ユール自邸　045
フィンランディア・ホール　124
フィンランド・ガラスミュージアム　154
フィンランド国立オペラハウス　125
フィンランド国立図書館　132
フィンランド国立博物館　124
フィンランド森林博物館・森林情報センター　179
フィンランド・デザインミュージアム　136
フヴィンカーの教会　153

フーセ橋　215
フートニエミ教会　177
フールサン・アートミュージアム　053
ブエーラ教会　194
フォーラム・マリナム海事センター　169
フォトグラフィスカ　087
フォファターフセト幼稚園　033
フォルッサ・スイミングバス　155
復活教会　043
復活礼拝堂（スウェーデン）　091
復活礼拝堂（フィンランド）　167
ブッケイエカ休憩所　212
ブリッゲン　206
ブルーラグーン　224
ブルーラグーンのホテルとスパ　225
ブルムンダールの教会　196
ブレウス写真博物館　202
フレーデンス教会　055
フレゼンスボーの集合住宅　049
ブロンドゥオスの教会　226
文化の家　126

ヘ

ヘアニン現代美術館“ハート”　068
ヘアニン図書館　068
ヘアニンのアーバンコンプレックス　067
ペタヤヴェシの木造教会　165
ヘッペルスタッドのスターヴ教会　200
ヘドマルク博物館　197
ヘニーオンスタッド・アートセンター　194
ベルグスボツン展望台　211
ヘルシンキ・オリンピックスタジアム　125
ヘルシンキ市電力公社ビル　128
ヘルシンキ証券取引所　129
ヘルシンキ市立劇場　127
ヘルシンキ大学図書館　127
ヘルシンキ大学博物館アルッペアヌム　131
ヘルシンキ大聖堂　132
ヘルシンキ中央駅　120
ヘルシンキ中央図書館“オオディ”　123
ヘルシンキ・ミュージックセンター　122
ヘルシンボリ市立コンサートホール　110

ベルビュー劇場　047
ベルビュー地区　046
ベルビュー・ビーチ　046
ペルラン　223
ヘンネ・メッレ川のシーサイドホテル　057

ホ

ボーグンドのスターヴ教会　199
ボーンホルム島　073
ボーンホルム美術館　073
ボダフォールスの教会　100
墓地管理棟　091
北極カルチャーセンター　210
北極教会　209
ホフソス・スイミングプール　228
ポルヴォーの旧市街　150
ポルスグルン海事博物館　203
ホルステブロ美術館　069
ポルッタニア・ビル　128
ホルメン・アクアティックスセンター　201
ホルメンコルン・ジャンプ競技場　193

マ

マイレア邸　171
マットソン・センター　100
マルティン・ルター教会　111
マルミ教会　139
マルメ・アートギャラリー　105
マルメ近代美術館　104
マルメ・サルハル　103
マルメ城　104
マルメ市立図書館　105
マンニスト教会　180

ミ

ミットーセン彫刻パビリオン　203
ミュージックホール　059
ミュールマキ教会　143
ミレスガーデン　094
ミレスガーデン・ギャラリー　094

ム

ムーラッツァロの実験住宅　164
ムーラメの教会　165
無限の橋　064
ムンケゴー小学校　044

モ

モースゴー先史博物館　065
森の火葬場　090
森の墓地　090
森の礼拝堂　091
モルテンスルッド教会　195

ヤ

ヤルヴェンパーの教会　152

ユ

ユヴァスキュラ湖の水上施設　163
ユヴァスキュラ大学　160
ユヴァスキュラ大学学生食堂　160
ユヴァスキュラ大学体育学部棟　161
ユヴァスキュラ大学図書館　161
ユヴァスキュラ大学プール増築棟　161
ユヴァスキュラ大学本館　160
ユヴァスキュラ・トラベルセンター　163
ユヴァスキュラの劇場　162
ユーヴェ・ランドスケープ・ホテル　214
ユーゲンドゥ・ホール　131

ヨ

ヨーン・ミュージアム　066

ラ

ラーヤサロ教会　138
ラヴァセンター　226
ラウタ・タロ　130
ラウマの旧市街　170
ラウンスピヤー教会　064
ラウンドタワー　021
ラジオハウス　030
ラハティ市庁舎　150

ラハティの教会　150
ランターン・パビリオン　205

リ

リクハルディンカトゥ図書館　131
リステール州裁判所　103
リッダーホルム教会　079
リバースボルク野外浴場　106
リレハンメル図書館　198
リレハンメル美術館増築部　198
リンホルム・ホイエ　072

ル

ルイジアナ近代美術館　049
ルードルフ・タイナー博物館　051
ルミ・リンナ　181
ルンド・アートギャラリー　109
ルンド大学　108
ルンド大聖堂　108
ルンド大聖堂フォーラム　108

レ

レイキャヴィク美術館アスムンダルスフン　223
レイキャヴィク美術館キャーヴァルスタディル　223
レイキャヴィク美術館ハフナーフス　222
レミの木造教会　178
レンテメスターヴァイ・ライブラリー　034

ロ

ロヴァニエミ市庁舎　182
ロヴァニエミ市立図書館　182
ロヴァニエミの劇場　182
労働者会館　162
ロウリュ・サウナ　134
ロスキレ大聖堂　051
ロドオウア市庁舎　041
ロドオウア図書館　041
ロムのスターヴ教会　200
ロンナ・サウナ　135

おわりに

　本書は、北欧5カ国の建築や都市空間の中から新旧を織り交ぜながら500の事例を厳選し、豊富な写真とともに紹介するこれまでにないガイドブックとして企画された。事例の選定は、2006年以降の長期滞在を含めた著者自身の北欧諸国への渡航経験をもとに行っている。その点で、本書は自身の歩んだ足跡を示すものでもあり、このような書籍としてまとめられたことには感慨深いものがある。

　一方で、500事例のうち2割弱については、本書の企画が決まった頃に九州産業大学建築都市工学部住居・インテリア学科の学生を交えての取材ツアーも予定していたものの、新型コロナウイルス感染症のパンデミックにより断念を余儀なくされたこともあり、残念ながら現地を訪問できていない。そのため、それらの事例に関しては建築事務所・写真家・関係機関等から写真を提供いただき対応することになったが、それ以外の事例についてはできるだけ現地で撮影した著者自身の写真で構成している。なお、各事例の詳細については、既刊の拙著で扱っているものも多く、それらも手にとっていただければ幸いである。

　各国の事例数は、デンマーク139例、スウェーデン99例、フィンランド172例、ノルウェー69例、アイスランド21例となった。掲載数の違いは各国の建築事情を反映するものではあるが、著者自身の興味と現地での体験による部分も大きく、その点にはご留意いただきたい。

　膨大な事例をまとめるにあたっては、学生らと共同で資料を収集し、執筆作業を進めながら、編集方針を固めていった。最終的には、各事例の解説は極力コンパクトにして、基本情報を英語または現地語で示し、写真をなるべく多く掲載する方向で整理している。なお、本書の発刊に際しては、九州産業大学のプロジェクト型授業の一環で援助をいただいており、学生をはじめ幅広い読者の方々に手に取ってもらいやすい価格設定が実現できたことを付記しておきたい。

　本書が出来上がるまでには、多くの人たちの協力を得ている。まずは、快く写真や資料を提供いただいた方々に感謝したい。また、現地語の日本語表記の監修を担当いただいたリセ・スコウさんと橋本ライヤさんには、現地施設への問い合わせや現地情報にまで踏み込んでの調査にも力を貸していただいた。

　さらには、学芸出版社の森國洋行さんの入念な情報確認作業がなければ本書は完成しなかったであろう。また、常に適切に本書の舵取りをしていただいた同社の宮本裕美さんにもお世話になった。加えて、素敵なブックデザインを手がけていただいたデザイナーの凌俊太郎さんにも御礼を申し上げたい。

　最後に、これまでに現地での見学や情報提供にご協力いただいたすべての方々、そしていつも温かく見守ってくれる家族に感謝の意を表したい。

2022年2月　小泉隆

クレジット

・冒頭の数字は事例番号を表す。
・Explanatory notes　上：upper row、中：middle row、下：lower row、左：left、中央：centre、右：right

001　左：Marija Vujosevic
008　左：Zastavkin、右：RussieseO
010　吉村行雄
016　Jarretera
017　上右：吉村行雄、下右：Danmarks Nationalbank パンフレット
018　下：Julien Lanoo
025　右：Adam Mørk
030　Gordon Bell
040　Adam Mørk
044　Rasmus Hjortshøj/COAST
047　NMelander
057　上左：Rasmus Hjortshøj/COAST、下中央：Laurian-Ghinitoiu、
　　　下右：Soren-Aagaard
058　下：小野寺綾子
065　吉村行雄
080　吉村行雄
084　Arsty
089　gaiamoments
098　Schmidt Hammer Lassen Architects
106　右：ricochet64
111　上・下左：Julian Weyer、下右：Quintin Lake
112　Rasmus Hjortshøj/COAST
113　Adam Mørk
114　上・下右：Jens Lindhe、下左：Adam Mørk
115　Rasmus Hjortshøj/COAST
116　上・下右：Mikkel Frost、下左・下中央：Julien Lanoo
117　fotoember
118　olli0815
119　Torben Eskerod
128　Herning Library
134　LisaStrachan
135　Torben Eskerod
138　右：cmfotoworks
141　右：klug-photo
143　cmbellman
144　ZZ3701
145　Vladislav Zolotov
154　吉村行雄
157　上：Mikhail Markovskiy、下：Igor Grochev
167　Laurian-Ghinitoiu
191　右：Roland_Lundgren
192　Irina Kzan
196　Wilhelm Rejnus & Linus Flodin
199　Andy Liffner
200　上：Åke E:son Lindman、下：Tord-Rickard Söderström
201　Västgöten/Wikimedia Commons
202　Holger.Ellgaard/Wikimedia Commons
203　Alexanderstock23
209　Schmidt Hammer Lassen Architects
210　Åke E:son Lindman
211　吉村行雄
212　André Pihl
213　Åke E:son Lindman
220　Adam Mørk
221　上：klug-photo、下右：stigalenas
228　Schmidt Hammer Lassen Architects
229　Tommy Hvitfeldt
236　Raumlaborberlin
238　上左：wanderluster、上右：NiklasEmmoth、下左：norikko、
　　　下右：clagge
243　上：mauriziobiso、下左：mauriziobiso
246　Voitto Niemelä
248　Ilari Nackel
278　上・下右：kuvio.com、下左：Mikko Ryhänen/Joanna Laajisto
　　　Creative Studio、下中央：Archmospheres.com
281　右：Jussi Tiainen
284　Studio Hans Koistinen
292　Jussi Tiainen
298　上：Kuvio.com、下右：Tuomas Uusheimo
300　Mika Huisman
301　izhairguns
315　上：Marc Goodwin、下：Mika Huisman
317　左：Hari Järvinen/Hvitträsk、右：Topi Leikas/Hvitträsk
318　上：Marc Goodwin、左・下・下中央：Pauliina Salonen、
　　　下右：Tuomas Uusheimo
323　上・下中央・下右：Tuomas Uusheimo、下左：Antti Turpeinen
330　Ypsilon from Finland/Wikimedia Commons
331　izhairguns
334　上・下左：Rauno Träskelin、右：Titta Lumio
339　下右：Sampo Linkoneva/Serlachius Museums

341　左：Simo Rista、右：Reijo Keskikiikonen
368　下左：Michael Perlmutter
386　Kalevan Navetta Art and Culture Centre
387　Anssi Lassila
388　Mikko Auerniitty
411　上：sonatali、下左：saiko3p
412　上：vladacanon
413　上左・下：Einar Aslaksen、上右：Nils Ole Brandtzaeg
414　Bernard Bialorucki
418　上・下左：Hilde Lillejord/LPO architects、
　　　下中央・下右：FinnStåle
419　上：jirivondrous
423　左：Bjørn Winsnes/Nasjonalmuseet、右：Henrik Ørsted/Museum
　　　of Oslo
424　JDS/MARCO BOELLA
435　Josh Mings Studio
436　上：Norwegian Glacier Museum、下：Josh Mings Studio
437　Madzia71
438　naumoid
439　naumoid
440　Kurkul
441　上：Tomasz Majewski、下：Lars Rogstad/Wikimedia Commons
442　Tove Lauluten
444　上：Ana Gonçalves/Preus museum、下：Andress Harvik/Preus
　　　museum
445　上：Peter Fiskersrtand/Wikimedia Commons、下：Knut Nordhagen
446　上：Nils Kavlie-Borge、下：Sam Hughes
447　上：Adam Mørk、右：Rasmus Hjortshøj/COAST
448　Dag Jenssen
450　Tomasz Majewski
451　Atelier Oslo
452　上・下左：Ingeborg Skrudland/Jærmuseet、下右：Jærmuseet
455　上：Andrva/Wikimedia Commons、下左：בעל/Wikimedia
　　　Commons、下右：Josh Mings Studio
456　下左：skibreck、上右：raagoon、下：bruev、下右：maylat
458　上：Hamsunsenteret/Ernst Furuhatt、下：Josh Mings Studio
461　Luis Fonseca
462　上：Eline Karlsdatter Fladseth/Visit Northwest、下左：Jarle
　　　Wæhler/Statens vegvesen、右：Norfilm AS/Statens vegvesen
463　上：Roger Ellingsen/Statens vegvesen、下：Jarle Wæhler/
　　　Statens vegvesen
464　Werner Harstad/Statens vegvesen
465　Jiri Havran/Statens vegvesen
466　Jarle Wæhler/Statens vegvesen
467　Jarle Wæhler/Statens vegvesen
468　Jarle Wæhler/Statens vegvesen
469　Jarle Wæhler/Statens vegvesen
470　Per Kollstad/Statens vegvesen
471　上・下左：Jarle Wæhler/Statens vegvesen、下右：Roger
　　　Ellingsen/Statens vegvesen
472　Magne Flemsæter/Statens vegvesen
473　Per Ritzler/Statens vegvesen
474　Vegar Moen/Statens vegvesen
475　Jarle Wæhler/Statens vegvesen
476　Trine Kanter Zerwekh/Statens vegvesen
477　Trine Kanter Zerwekh/Statens vegvesen
478　Dag Jenssen
479　上：Roger Ellingsen/Statens vegvesen、下：Fredrik Fløgstad/
　　　Statens vegvesen
482　Chris Hepburn
487　Goddard_Photography
488　Perlan
489　上・下右：萩原健太郎『北欧の絶景を旅する　アイスランド』（ネコ・
　　　パブリッシング）、下左：Salajean
491　上：Ragnar Th. Sigurðsson/Arctic Images、中・下左：Ari Magg、
　　　下右：Giorgio Possenti
492　Ragnar Th. Sigurðsson/Arctic Images
493　上・下右：萩原健太郎『北欧の絶景を旅する　アイスランド』（ネコ・パブリッ
　　　シング）
494　左：Ragnar Th. Sigurðsson/Arctic Images、右：Basalt
　　　Architects
495　萩原健太郎『北欧の絶景を旅する　アイスランド』（ネコ・パブリッ
　　　シング）
496　上：kuddl-24、中右：horstgerlach、中右：fotofojanini、
　　　下左：Vadim Nefedoff、下右：UlyssePixel
497　Gestur Gislason
498　上・下左：Guðmundur Benediktsson、下右：Rafn Sigurbjörnsson
499　上：Karl Vilhj lmsson、下：Sigurgeir Sigurjónsson
500　Vök Baths

小泉 隆　Takashi Koizumi

九州産業大学建築都市工学部住居・インテリア学科教授。博士（工学）。
1964年神奈川県横須賀市生まれ。1987年東京理科大学工学部建築学科卒
業、1989年同大学院修了。1989年東京理科大学助手、1998年T DESIGN
STUDIO共同設立、1999年より九州産業大学工学部建築学科、2017年4月
より現職。2006年度ヘルシンキ工科大学（現：アアルト大学）建築学科訪問研
究員。2017年10月より日本フィンランドデザイン協会理事。
主な著書に『アルヴァ・アアルトのインテリア　建築と調和する家具・プロダク
トのデザイン』『北欧の照明　デザイン＆ライトスケープ』『アルヴァ・アールト
の建築　エレメント＆ディテール』『北欧の建築　エレメント＆ディテール』（以
上、学芸出版社）、『北欧のモダンチャーチ＆チャペル　聖なる光と祈りの空間』
（バナナブックス）、『フィンランド　光の旅　北欧建築探訪』『アルヴァル・アー
ルト　光と建築』（以上、プチグラパブリッシング）など。

北欧建築ガイド
500の建築・都市空間

2022年3月10日　初版第1刷発行

著者 ……………………… 小泉隆＋九州産業大学小泉隆研究室
発行所 ………………… 株式会社 学芸出版社
　　　　　　　　　　　　〒600-8216 京都市下京区木津屋橋通西洞院東入
　　　　　　　　　　　　電話 075-343-0811　E-mail info@gakugei-pub.jp
発行者 ………………… 井口夏実
執筆 …………………… 北原さやか、酒匂悠花、柴田智帆、彌永葵、吉田真帆、
　　　　　　　　　　　　信濃康博、松野尾仁美、吉村祐樹
執筆協力 …………… 鬼塚文哉、中野壮馬、藤田琢磨、山口未夢、山下桃乃
編集 …………………… 小泉隆、宮本裕美・森國洋行（学芸出版社）
デザイン ……………… 凌俊太郎
DTP ………………………… 梁川智子
日本語読み監修 …… デンマーク語・スウェーデン語・ノルウェー語・
　　　　　　　　　　　　アイスランド語：リセ・スコウ（Lise Schou）
　　　　　　　　　　　　フィンランド語：橋本ライヤ（Raija Hashimoto）
印刷・製本 ………… シナノパブリッシングプレス

©Takashi Koizumi + Kyushu Sangyo University Takashi Koizumi Laboratory 2022
ISBN978-4-7615-2804-1　Printed in Japan

北欧の建築
エレメント＆ディテール
小泉隆 著｜A5 判・240 頁・本体 3200 円＋税

北欧を代表する建築家の作品から、日本では知られていない建築家の名作、話題の現代建築まで、多数のカラー写真と図面で巡るシンプルで美しく機能的なディテール。光、色、構造、素材、窓、階段などのデザイン・エレメントを切り口に、A・アールト、E・G・アスプルンド、A・ヤコブセンなど建築家 50 人の 77 作品を紹介。

アルヴァ・アールトの建築
エレメント＆ディテール
小泉隆 著｜A5 判・240 頁・本体 3200 円＋税

北欧を代表する建築家アルヴァ・アールトが追求した美しく機能的なディテールを集めた作品集。住宅や公共建築、商業施設、家具や照明器具にいたるまで、構造や技術を反映した合理的なデザイン、素材や形へのこだわり、使いやすさが発揮された 170 のディテールを多数のカラー写真と図面で紹介。所在地リスト、書籍案内も充実。

アルヴァ・アアルトのインテリア
建築と調和する家具・プロダクトのデザイン
小泉隆 著｜A5 判・208 頁・本体 3200 円＋税

上質な建築の真価は内部空間に現れる。北欧を代表する建築家アルヴァ・アアルトは、自ら設計した建築のインテリアの隅々まで使いやすさ、美しさを追求した。暮らしに対する鋭い感覚と研ぎ澄まされたデザイン力が結実した椅子、木製家具、照明、ガラス器、テキスタイルの 120 作品を、500 点以上の写真、スケッチ、図面で紹介。

北欧の照明
デザイン＆ライトスケープ
小泉隆 著｜A5 判・240 頁・本体 3300 円＋税

暗くて長い冬の間、室内で暮らす時間を楽しむため、北欧では優れた照明器具が多数生みだされ、建築や都市空間を彩る照明手法が発達した。本書は、ポール・ヘニングセンやアルヴァ・アアルトら、北欧のデザイナーや建築家 11 人が手がけた 100 の名作について、デザインと機能、空間の照明手法を 500 点に及ぶ写真と図面で紹介。

北欧モダンハウス
建築家が愛した自邸と別荘
和田菜穂子 著｜A5 判・208 頁・本体 2400 円＋税

グンナー・アスプルンド、アルヴァ・アアルト、アルネ・ヤコブセン、ヨーン・ウッツォン…、北欧を代表する建築家たちは自らの住まいで実験を試み、家族のためにこだわりの空間をつくりだした。妻や子供との暮らしに滲みでる素顔、時代や風土への真摯な眼差し、安住のデザインを追求した名作を巡る、建築家たちの住宅術。

アルネ・ヤコブセン
時代を超えた造形美
和田菜穂子 著｜A5 判・160 頁・本体 2400 円＋税

デンマークが生んだモダンデザインの巨匠アルネ・ヤコブセン。建築家、デザイナーとして、今なお世界中で愛される名作を世に送りだした。本書では、シンプルで遊び心のあるユニークな建築、家具、プロダクトの創作の足跡を辿り、完璧なまでの機能美の追求、未来を見据えたものづくりの信念から生まれたデザインの魅力に迫る。